교사를 위한
교육연극의 이론과 실천

장연주 저

Theory and Practice of
Educational Drama / Theatre

박영story

머리말

　필자는 2015 개정 교육과정에 '연극' 과목이 고등학교 일반 선택과목으로 포함이 되었다는 소식을 듣고 이제서야 '때'가 도래했음을 알게 되었다. 그 '때'라는 것은 그토록 교육연극 전공자, 교육연극 전문가, 실천가들이 애타게 기다려오던 그 '때'인 것이다. 2015 개정 교육과정 내의 교육연극 활성화 방안은 그간 교육과정 내에서 평가절하되었던 연극의 위상을 적절히 평가받을 수 있는 새로운 계기를 만들어 준 것이다. 반면, 그 '때'가 도래함으로써 당면되는 문제점들 또한 피할 수는 없을 것이며, 우리는 이 점에 주목해야만 한다. '연극' 과목이 채택되어 학생들이 교육연극 활동 경험의 기회를 갖게 되었지만, 정작 이 교과목을 누가 지도할 것인가, 그 교사들은 어떠한 시각과 관점에서 교육연극을 바라보고 지도할 것인가? 즉, 교육연극 분야에서는 교사교육이라는 문제에 당면하게 된 것이다. 어떻게 보면 예측하고 있었던, 불가피한 사실일지도 모른다. 연극을 한번도 해본 적 없는 교사들이 학생들과 어떻게 교육연극 수업을 진행할 수 있을까? 연극을 경험한 교사들만이 학생들과 교육연극 수업을 진행할 수 있을까? 이런 문제의식을 가지고 이 책을 집필하게 되었다. 그리고 위의 문제에 대한 답은 이 책을 다 읽은 독자라면 해답을 찾을 수 있을 것이다.

　2018학년도부터 2015 개정 교육과정은 전국의 초·중·고등학교에 정식으로 확대 적용된다. 2015 개정 교육과정에는 빼놓을 수 없는 두 개의 핵심 키워드가 있는데, 그것은 바로 '창의 융합형 인재'와 '핵심 역량'이다. 교육부에서 설명하고 있는 창의 융합형 인재란 인문학적 상상력, 과학 기술 창조력을 갖추고 있으며, 바른 인성을 겸비하여 새로운 지식을 창조하고 다양한 지식을 융합하여 새로운 가치를 창출할 수 있는 역량을 갖출 사람을 말한다. 이를 위해 제시하고 있는 핵심역량은 바로 6대 핵심역량으로 '자기 관리 역량, 지식 정보 처리 역량,

창의적 사고 역량, 심미적 감성 역량, 의사소통 역량, 공동체 역량'이다. 그리고 중요한 것은 바로 이러한 6대 핵심역량을 함양하는데 적절한 교수학습방법이 바로 '교육연극'이라는 것이다.

2015 개정 교육과정에서는 2009 교육과정에 비해 연극이 확대되고 있는 모습을 볼 수 있다. 초등학교 5-6학년 국어교과에 활동 중심의 연극 대단원이 개설되었으며, 중학교 국어교과에는 연극 소단원이 구성되었고, 고등학교 예술 교과군의 일반 선택에 연극과목이 신설되어 체험중심의 교육연극 활동이 이루어지도록 교육과정이 개편되었기 때문이다. 이렇게 연극이 교육과정으로 들어오게 된 것은 교육연극을 하는 사람으로서 바로 그 '때', 즉 기회인 동시에 도전이 될 수 있는 것이다.

필자는 대학에서 연극(연기)을 전공하였고, 교직을 이수하면서 교육연극을 접하게 되어, 미국에서 석사과정으로 교육연극을 전공하였다. 그리고 석사학위 취득 후 어떻게 하면 학생들이 교육연극을 활용해 '잘' 배울 수 있을지를 공부하기 위해(learn how to learn)' 박사과정으로 교육공학을 전공하였다. 교육연극은 어떻게 하면 잘 가르칠 수 있는지 연구하는 학문이 아니라, 어떻게 하면 잘 배울 수 있을지 연구하는 학문이다. 이런 매력적인 학문을 접하게 되면서, 이를 활용하여 교육현장에서 수업도 진행하게 되었다. 그리고 그러한 경험을 바탕으로 이렇게 책도 집필하게 된 것이다.

교육연극은 연극의 하위개념도, 더군다나 연극교육의 하위개념도 아니다. 교육연극은 교육과 연극이 만나면서 파생된 독자적인 하나의 학문으로 존재한다. 교육연극과 연극교육의 큰 차이점은 본서의 1부를 참고하길 바란다. 그리고 2015 개정 교육과정은 배움을 즐기는 행복한 교육을 표방하며 창의 융합형 인재를 양성하는 데 그 목적을 두고 있다. 교육연극이야말로 2015 개정 교육과정이 추구하는 창의 융합형 인재양성과 6대 핵심역량 함양을 위해 기여할 수 있는 것이다. 교육연극은 학습을 자극하는 환경 속에서 자기주도학습을 유도하며 다각적인 시각에서 학습을 가능하게 하는 교수학습 방법이기 때문이다. 2015 개정교육과정이 추구하는 학습은 넓고 깊이가 얕은 혹은 주입식, 암기 위주의 교육이 아닌 학습자 중심의 교육이다. 이 학습자 중심의 교육에 교육연극이 기여하는 바가 크다고 할 수 있다. 초·중·고등학교에서 교육연극은 언어교육에 이바지할 수 있고 자유학기제를 흥미롭고 효과적으로 운영하는 데 기여할 수 있으며, 학문과 학문의 경계를 허물어주는 학문간 통합교과지도에도 유용하게 활용될 수 있다. 뿐만 아니라 교육연극은 하나의 교과목으로서 창의 융합형 인재양성에 이바지 할 수 있다. 더 나아가 교육연극이 다양한 형태로 우리의 학교를 그야말로 '학교(學交)가 아닌 습교(習交)'로 거듭나기 위해서는 교사, 학생, 단위 학교, 그리고 교육부와 교육청, 교원 양성 대학의 지속적인 연계와 협조가 필수적으로 필요하다 할 수 있겠다.

본서의 구성은 크게 3부로 구성되어 있으며, 1부에서는 교육연극의 이론 부분으로 교육연극의 개념, 종류 및 효과를 다루고 있으며, 2부에서는 필자가 경험한 사례들을 바탕으로 연구를 실행한 교육연극의 실제 사례 부분을 다루고 있다. 3부에서는 교육연극의 미래 부분으로 교육연극의 전망을 다루고 있다. 1부의 내용과 관련해서는 기존의 교육연극 관련 개론서적들에서 이미 언급이 많이 되었기 때문에, 본서에서는 간단히 살펴보았다. 그리고 2부인 교육연극의 실제 사례 연구 부분에서는 필자의 박사학위논문 뿐만 아니라 학술논문에 실린 글을 재구성하였다. 3부는 2부에서 다룬 사례들에서 도출된 교육연극의 특징 및 교육연극 수업을 진행하고자 하는 교사들을 위한 고려사항이 언급되었다. 또한 본서는 교육연극을 처음 접하거나 교육연극을 처음 활용하려는 교수자에게 더욱 적합한 책이라 할 수 있다.

이 책은 제게 특별한 의미가 있습니다. 저의 첫 작품이기도 하고, 하나의 매듭을 짓고 새로운 문으로 향하는 느낌이라고 해야 할까요. 이 책을 읽는 분들에게는 어떻게 전해질지, 어떤 의미로 남을지 모르겠지만 너무나도 부족한 저의 글이 어느 한 사람에게라도 조금이나마 도움이 되었으면 하는 바람입니다. 끝으로 이 책이 나오기까지 수고해주신 박영사의 이영조 팀장님, 거친 원고를 유려하게 편집해준 배근하 대리님께 감사의 인사를 드립니다. 또한 옆에서 항상 격려를 아끼지 않으시는 신나민 지도교수님께도 감사의 말씀을 전하고 싶습니다. 신나민 교수님을 만나 제가 더욱 연구자로서 학문에 정진할 수 있었습니다. 감사합니다.

2018년 7월
장 연 주

차
례

PART 1
교육연극의 이론

PART 2
교육연극의 실제 사례 연구

PART 3
교육연극의 미래

PART01

교육연극의 이론

PART
01

교육연극의 이론

1 교육연극의 개념

교육연극은 연극을 공연 매체로 바라보던 시각에서 교육적 방법으로 활용할 수 있다는 새로운 시각을 열어주었다. 즉, 교육연극은 관객을 대상으로 공연하는 것이 목적이 아니라, 연극을 제작하는 과정에서 학생들에게 교육목표를 달성하기를 기대하는 교수법의 한 종류로써 전문연극(professional theatre)과 차별화된 새로운 '연극방법' 혹은 '교육방법'이라고 할 수 있다(구민정·권재원, 2008; 민병욱, 2000; 최지영, 2007). 따라서 교육연극은 학생들의 표현력, 상상력, 개개인의 개성, 창의성, 잠재력을 개발할 수 있는 과정중심의 교육에 역점을 두게 된다.

교육연극은 20세기 초 영국과 미국을 중심으로 "행동함으로써 배우기(learning by doing)"(Dewey, 1916, 1920), "극적으로 행동함으로써 배우기(learning by dramatic doing)"(St. Clair, 1991)라는 개념이 등장하면서 구체적인 교육방법으로 자리 잡기 시작하였다. 즉, 교육연극에서는 학습자들의 행위 그 자체가 중요시되기 때문에 학생들이 예술적으로 완성된 형태의 연극을 만들어내기 위해 전문 훈련을 받는 배우들처럼 무대에 올라가서 실수하지 않고 역할을 완수해야 하는 중압감에 시달릴 필요가 없다(최지영, 2007). 전통적으로 연극은 공연중심의 예술이라는 인식 속에서 전문연극인을 양성하는 것에 치중되어 왔지만 교육연극은 '공연되는 연극'보다는 '과정중심의 연극'에 역점을 두는 것이다.

교육연극의 개념을 정확히 이해하기 위해서는 '연극교육'과의 개념 비교가 필수적이라고 할 수 있다. 교육연극과 연극교육에 대한 완결된 개념 비교는 아직 정립되어 있지 않지만, 연극교육은 자기개발과 표현이라는 목표에서 출발하여 예술 영역으로서 연극 감상과 제작 등을 모두 포함하고 있다(Day, 1983). 연극교육이 무대에 올리는 공연을 목적으로 하는 교육이며 연극을 위한 전문 예술교육인 반면, 교육연극은 특별한 교육 목표를 달성하고자 연극을 교수학습방법으로서 교육 활동으로 도입하는 것이 가장 큰 특징이라고 할 수 있다. 즉, 연극은 교수학습방법의 매개로서 교육현장에 적용하여 자기개발을 통한 모든 교과목뿐만 아니라 비교과 교육의 수단으로 활용할 수 있는 것이다. 교육연극은 '교육을 위한 연극'이며, '연극을 통한 교육'이라고 할 수 있다. 여기서 연극교육과 교육연극의 공통 영역은 연극이며, 연극 그 자체를 목적 또는 수단으로 삼느냐에 따라 연극교육과 교육연극으로 구별되는 것이다(최윤정, 1995).

앞에서 교육연극은 연극을 교육의 매체, 혹은 방법론으로 삼는 일반적 의미에서의 교육이며, 연극을 교육의 매체로서 활용하는 교수−학습방법이라고 설명하였다. 실용주의(pragmatism)와 발달심리학(Developmental Psychology)에 의해서 확립된 교수−학습방법으로서 교육연극은 특별한 교육목표를 달성하고자 연극을 교육 활동으로 도입한 것이다. 그 '특별한' 목표란, 교사가 설정한 교육목표에 따라 다르겠지만, 대개 창의성과 미적 발달, 비판적 사고력, 사회적 성장과 협동력, 의사소통기술의 증진, 도덕적·정신적 가치의 발달, 자아인식 등에 있다(이경희, 2002). 이러한 목적 아래 교육연극의 기능과 효과는 현장 사례를 통해서 다양하게 검증, 확인되고 있다. 예컨대 폴리시니(Polisini, 1988)는 교육연극이 '언어와 의사소통능력 향상, 창의성 신장, 문제해결력, 적극적인 자아개념, 사회적 자각, 감정이입, 가치판단력, 연극의 예술적 이해력 향상' 기능을 수행한다고 제시하고 있다. 이처럼 교육연극이 지향하는 바는 교육이며, 연극은 그 목적을 달성하기 위한 수단과 방법이 된다. 즉, 교육연극은 교육현장에서 전인교육이라는 궁극적인 목적을 달성하기 위해 보다 효과적인 교수학습방법으로서 다양한 연극적 기법을 활용하는 것이라 할 수 있다.

이제는 교육연극의 어원에 대해 알아보기로 하자. 랜디(Landy)는 그의 저서인 교육연극 핸드북에 다음과 같은 말을 남겼다. 교육연극은 "인간의 삶에 적용되는 다양한 드라마(drama)와 연극(theatre)의 접근방법을 구체적으로 규명해내려는 시도"라고 언급하였다(Landy, 1982, p. 3). 이때 드라마(drama)와 연극(theatre)이라는 용어가 등장한다. 드라마는 '행위하다(to do, dran)', '행해지는 것(a thing done)'으로서, 관객을 위해 연습하는 과정은 전혀 개의치 않다. 반면 연극의 어원은 '보다(to see, seeing)', '보이는(to be seen)', '바라보는 곳'이라는 테아트론(theatron)으로부터 그 어원을 발견할 수 있다. 이와 같이 우리가 통칭해서 '연극'이라고 부르는 개념에는 '관객을 염두에 두지 않고, 직접 해보는' 드라마의 영역과 '관객 앞에서의 공연 예술(theatre)'로 완성되는 영역이 모두 포함되며, 이 두 영역은 각기 독립적이면서도 유기적으로 연계되어 서로에게 영향을 미치고 있다. 이와 같은 개념을 바탕으로 교육연극이라는 학문은 1920년대 영국과 미국을 중심으로 소개되고 발전되어 왔다.

교육연극은 공연을 목적으로 하는 일반적인 연극과는 달리 연극의 감상자나 행위자가 구분되지 않는다. 일반적인 연극이 공연의 예술적 성과를 중요시한다면, 교육연극은 연극을 만드는 과정에서 발생하는 교육적 효과와 기능을 보다 중요시한다. 즉, 전문적인 연극을 위한 기술(technique)을 요구하지 않으며, 학생들이 자유롭게 자신의 개성과 창의성을 표현하도록 하는 과정중심의 연극인 것이다. 교육연극은 연극적 방법과 창의적인 잠재력을 이용하려고 노력하며 학생들에게 하나의 경험을 제공하고 그들이 자신을 표현하는 데 있어 모방, 감정이입, 협동, 상징적인 행동 등을 통해 삶을 반영하는 기회가 될 수 있도록 유도한다. 또한 학생과 교사 간에 끊임없는 양방향적 교류를 통해 다른 시각에서 본 지식을 공유할 수 있는 장점이 있다. 연극에서는 일정한 역할을 위해 반드시 학생이 자신을 변화시키는 과정이 수반된다. 그것은 역할을 연기하는 것으로 이해할 수 있다. 여기서 '내가 만약 ~이라면', '마치 ~처럼'의 가정은 우리가 알고 있는 것을 변화시킨다. 이러한 인성의 변화는 우리에게 새로운 시각을 제공해준다. 그것으로 그 전에 알고 있던 사실을 변화시키기도 한다. 이런 극적 행동의 인지과정에 미치는 영향 속에는 느낌이라는 것이 중요하게 작용하며 사고의 한 부분이 된다. 우리가 다른 사람이 되어 본다는 것은 그 사람의 눈으로 사물을 보고 느낀다는 것을 의미하며 이런 느낌들은 생각하는 방식에 영향을 주고 행동 및 사고와 서로 밀접한 관련이 있다(박지영, 2003).

인간의 본질적인 특성은 상상력이라 할 수 있다. 상상력이야말로 인간에게만 주어진 고유한 특성이다. 창의적 상상력이란 본질적으로 '마치 ~처럼'(as if) 생각하는 것을 일컫는다. 이러한 사고는 하나의 사건을 다양한 시각에서 보게 해 준다. '마치 ~처럼'의 극적 상상력의 전통은 고대사회 이후 서구를 중심으로 그 전통을 이어왔으며, 놀이를 바탕으로 한 구체적인 방법론으로 구체화되어 발전되어 왔다. 코스티(Koste)는 놀이에 대해 다음과 같이 언급을 하였다. "어린이에게 놀이는 성장을 하게 하는 힘을 지닌 의미 있는 활동이며, 이들 놀이의 대부분은 연극놀이(Dramatic Play)다"라고 하였다(Koste, 1995). 인간이 놀이를 한다는 것, 극적 행위에 몰입한다는 것 자체가 매우 중요한 지적 활동이 되는 것이다. 인간은 놀이를 통해서 극적 행위에 몰입하게 되며, 바로 그 순간, '지금, 바로 여기(now and here)'의 경험을 하게 되며, 이러한 경험은 어떠한 방식으로든 인간을 변화시키고 성장시키는 원동력이 되는 것이다.

또한 학생들은 교육연극을 경험하면서 인간의 행동, 자기 자신, 그리고 자신이 살고 있는 세계에 대한 '이해의 성장(growth of understanding)'이라는 중요한 학습을 하게 된다(Jackson, 1993: p. 149). 가상의 세계를 '지금 현재 여기'에서 벌어지는 것으로 생각하도록 하는 연극적 체험을 함으로써(김창화, 2003), 학생들은 가상의 상황과 역할을 접하며 다양한 경험을 제공받고, 그로 인해 자신의 삶의 경계가 확장되는 것이다(정성희, 2006). 이러한 경험은 세계를 새로운 관점으로 조망하게 해준다. 연극 상황에 몰입하고 있는 학생들은 자신의 역할을 통해서 수

　　　　　　　　　　　　　　　　　　　　　　교사를 위한 교육연극의 이론과 실천

행한 많은 행동과 언어를 스스로 성찰해 봄으로써 성장하게 되는 것이다(정성희, 2006).

학생들은 허구의 상황과 인물을 창조해낸다. 즉, 드라마 속에서 그들 스스로 가 해석한 것을 표현해낸다는 뜻이다. 그리고 이러한 표현은 학생들에게 잠재되어 있는 정서와 욕구가 표출된 것이며, 그들은 극적 행위를 함으로써 자신들이 과거 경험한 것을 바탕으로 자신의 잠재된 정서와 욕구를 표출할 수 있는 체험을 하는 것이다. 또한 학생들은 자신의 정서와 욕구를 표출하기 위해 다양한 연극적 요소인 언어적 표현, 몸짓, 행위 등 비언어적 표현, 공간, 소리 등을 활용하게 되는 것이다. 이러한 점에서 교육연극은 "다양한 장르를 구성하는 활동들과 연계되어 있는 복합적인 영역으로서 독특하고 구성적인 요소들의 총체"라고 할 수 있다(O'Toole, 1992, p. 3). 또한 실제로 교육연극 전문가들은 학생들 혹은 프로그램 참여자들의 극적 행위를 유도하기 위해 직접적으로 그들과 대화를 시도하고 움직임을 자극하고 효과적인 교육환경을 만들어내기 위해 노력을 하고 있다.

그렇다면 교육연극의 과정은 어떻게 구체화되고 실행될 수 있는 것인가? 헤이즈먼(Haseman)과 오툴(O'Toole)은 교육연극의 과정이 구체화되기 위해서 '드라마 형식(dramatic form)'을 형성하기 위한 요소들이 충당되어야 한다는 점을 주장하며, 아래 11가지의 요소를 제시하였다(Haseman & O'Toole, 2017). 1) 드라마 맥락(human context), 2) 긴장(tension), 3) 초점(focus), 4, 5) 세팅(setting): 장소(place)와 시간(time), 6) 내러티브(narrative), 7) 언어(language), 8) 움직임(movement), 9) 분위기(mood), 10) 상징(symbol), 11) 드라마적 의미(dramatic meaning). 즉, 상황, 인물들, 관계들을 포함하는 드라마 맥락(human context)을 세운 뒤, 긴장(tension)에 의해 드라마 맥락에서 사건이 진행되고, 초점(focus)을 통해 사건들이 구체화되고, 장소(place)와 시간(time)에서 현현되며, 내러티브(narrative)로 구성된다. 이러한 요소들은 언어(language)와 움직임(movement)에 의해 표현되는데 이들은 분위기(mood)와 상징(symbol)을 창조한다. 이들 10개의 요소들이 함께 작동하여 드라마적 의미(dramatic meaning)를 만들어 내는데 그것이 바로 마지막 11번째 요소이다. 이렇게 교육연극의 과정은 복잡하게 얽혀 있는 드라마적 요소들로 구성된다. 이러한 과정에서 학생들은 가상현실에서 일어나는 시간적, 공간적 경험을 하게 되고, 또한 가상현실을 통해 만나게 된 연극 사건을 의미 있고 가치 있는 것으로 받아들이는 것이다. 그러므로 교육연극 수업을 지도할 교사는 앞의 드라마 형식 11가지 요소를 고려하며 수업을 설계해야 할 것이다. 특히, 학생들이 생성해내는 드라마적 의미가 무엇인지 교사들은 잘 판단하여 수업을 진행하여야 한다. 처음 교육연극을 활용하는 교사들 대부분은 학생들이 드라마적 의미를 생성해 냈음에도 불구하고 그것을 구분해내지 못하고 지나치기 때문이다.

이상으로 교육연극의 개념을 종합해보면, 교육연극이란 연극을 어떻게 가르칠 것인가의 문제에 중심을 두지 않고, 교육의 장에서 연극이 교수학습방법으로서 어떻게 쓰일 것인가를 강조하는 용어이다. 순수예술로서 연극 그 자체를 배우는 것이 아니라, 학습을 위해 연극적 기법을 활용하는 것에 의미를 둔 것이 바로 교육연극이라고 할 수 있다.

② 교육연극의 종류

교육연극이 1900년대 초반 미국과 영국에서 전문적인 아동연극과 혹은 교사들을 통해 언어와 책 읽기, 화술교육을 시도한 때로부터 시작된 이후 1920년대 실용주의 교육철학과 1960년대 발달−인지심리학에 의해 교육연극은 학문적 체계를 갖추게 되었으며, 교육연극의 학자들은 이론적 연구와 실천을 병행하면서 각자 독특한 접근방식들을 개발하여 왔다. 그 결과 교육연극을 지칭하는 용어가 매우 다양해졌으며 우리에게 소개된 교육연극에는 다음과 같은 것들이 있다. 창의적 드라마(Creative Drama), D.I.E(Drama In Education), T.I.E(Theatre In Education), 과정드라마(Process Drama), 즉흥적 드라마(Improvisation Drama), 비공식적 드라마(Informal Drama), 발달적 드라마(Developmental Drama), 연극 만들기(Play Making), 역할놀이(Role Playing), 참여연극(Participation Theatre), 유스 씨어터(Youth Theatre), 포럼연극(Forum Theatre), 어린이 연극(Children's Theatre) 등이 있다. 그러나 이상과 같은 다양한 용어의 출현은 개념과 기본원리상의 분류

라기보다는 교육연극이 활용되는 분야와 상황에 따라 교육연극의 지도자가 특히 목표로 하는 교육효과의 다양성과 관계된 것이며, 그 용어들은 각기 다른 교육효과를 얻기 위해 무수한 실험을 통해 개발한 독특한 접근방식과 방법론의 차이의 결과로 보아야 한다.

앞에서 언급하였듯이, 교육연극 분야에서는 드라마(Drama)와 연극(Theatre)의 개념을 구분하여 사용한다. 교육연극은 발생 초기부터 두 갈래의 상반된 흐름을 가지고 있었다. 하나는 이미 만들어진 대본을 가지고 학습자들이 반복적으로 연습을 통해 정제된 작품을 만들어내는 '공연 양식'이며, 다른 하나는 일정한 대본 없이 학습자들의 자유로운 표현을 통해 만들어 가는 '놀이 양식'이다. 전자는 상연을 전제로 한 교육연극이다. 관객이 연극에 참여하여 무대에서 연기자와 스태프들이 제공하는 정보를 얻어 자기 나름대로 재구성해가며 학습효과를 얻는 '공연양식'으로 T.I.E(Theatre In Education), Youth Theatre, 어린이 연극(Children's Theatre)이 해당된다(오치선, 1999). 후자는 과정중심의 교육연극으로 참여자가 직접 연극을 만들어 가는 과정을 통해 학습 효과를 얻는 방법인 '놀이방식'이며 대표적으로 창의적 드라마(Creative Drama)와 D.I.E(Drama In Education), 그리고 과정 드라마(Process Drama) 등이 이에 해당한다. 여기서는 지도자들이 학생들에게 실제 혹은 상상 속의 체험에 대해 반응하고 역할을 실현해보고 상상하도록 안내한다. 모든 구성은 즉흥적이며 관객을 위해 연극을 한다는 구상은 존재하지 않는다. 또한 전자는 관객에게 연극 내용을 전달하는 것을 주된 목적으로 하기 때문에 줄거리의 연결에 주력하게 되는 반면, 후자는 전달보다는 표현 자체를 목적으로 상황이 주는 의미에 주력하여 참여자가 스스로 체험을 통해 깨달음을 얻게 한다.

1) D.I.E (Drama In Education)

D.I.E는 Drama In Education의 약자로 교육연극의 한 분야이다. D.I.E는 영국의 도로시 헤스코트(Dorothy Heathcote)에 의해 그 개념이 정립되었으며, 학생들의 행동과 성찰을 강조하는 구성주의의 이론, 접근법과 일맥상통한다. 학생들이 연극을 만드는 경우도 있지만 극 만들기보다는 극적인 사건과 주제의 내용을

이해하며, 그들의 행동과 성찰을 강조하는 데 중점을 둔다(Bolton, 1999). 즉, 특정 역할이 부여된 상황에 학습자를 참여시켜 등장인물의 배역이나 성격을 창조하는 데 초점을 두는 것이 아니라 그 상황에서 학습자가 어떤 태도를 취하느냐가 주된 관심이 되는 활동이다(Shuman, 1978). 이러한 과정에서 교사는 '역할 속 교사(Teacher in Role)'의 기법을 실행하게 된다. 이 기법은 교육연극의 기법 장에서 더 자세히 살펴볼 것인데, 교사가 학생들과 함께 역할을 통하여 드라마에 적극적으로 참여하고 학습자들의 활동을 암묵적으로 인도하고 수정하도록 유도하는 것이다(Heathcote & Bolton, 1994).

D.I.E는 웜 업, 준비, 공연, 후속 단계의 네 가지 순서를 거치게 된다(박은희, 2001). 웜 업 단계에서 교사는 학생들이 그들 자신을 표현할 수 있는 간단한 신체동작과 놀이 등을 제시하며, 이후 특정한 쟁점과 상황을 제시한다. 준비 단계에서 학생들은 그룹별로 특정 문제에 대해 토의를 하고 토의한 내용을 바탕으로 연극 연습을 실행한다. 공연 단계는 학생들이 준비한 연극을 실제로 공연하는 단계이며, 마지막으로 후속 단계에서는 공연이 끝난 뒤 모든 학생들이 특정 문제나 쟁점에 관해 토론을 하게 된다. 즉, 간단한 워밍업(Warming up)으로부터 시작하며 연극놀이(Dramatic game), 타블로(Tableau, still picture: 정지된 장면) 만들기, 즉흥극(improvisation), 가상의 역할놀이(role play), 이야기 꾸미기(story building), 움직임(movement) 등의 방법을 통해 자기표현(self-expression), 상상력(imagination), 집중력(concentration) 등을 훈련함으로써 학습자 개개인의 개성(personality) 발달을 도와주며, 사회적인 기술(social skill)을 습득하게 한다. 여기서 사회적인 기술이라 함은 사람이 사회생활을 하기 위해 필요한 여러 가지 기술, 즉 말하기, 쓰기(창작), 사고하기, 판단하고 결정하기, 여러 사람 중에 자신에 대해 파악하기(정체성 확립), 주어진 상황에 적응하기 등을 말하는 것이다.

D.I.E는 워밍업(Warming up)으로부터 시작하며 다양하게 개발되어 있는 여러 가지 연극적 방법들을 교육환경에 활용하여 자기개발을 하도록 돕는 프로그램이다. D.I.E는 학습자의 직접 참여와 적극적인 자세가 요구되는 것이기 때문에 객석에 앉아서 관람하는 전통적인 연극 감상과는 뚜렷이 다른 점을 가지고 있으며, 이는 참여하는 이들의 독창력, 상상력, 집중력, 표현력을 도모한다. 그리고 교사

는 일방적인 지시나 연출을 하는 것이 아니라 참여하는 이들을 이끌어주고 진행을 돕는 역할을 해야 한다. 또한, D.I.E의 다양한 테크닉은 교육연극 분류 중에서 기본적인 방법론으로서 어떤 과목에도 활용할 수 있다는 교육적인 평가 하에 모든 과목에서 활용하고 있다.

D.I.E(Drama In Education)는 연극을 만드는 과정을 통해 사회적 기술의 습득을 목적으로 하며(박은희, 2001), 어떤 문제를 명료화하고 그 과정을 통해 자율적인 의사결정 능력을 함양하도록 하는 데 초점을 두고 있다(구민정·권재원, 2008). 연극을 가르치는 것이 목적이 아니라, 여러 교과과정을 가르치는 수단으로 활용되는 것이다. 연극의 완성도보다는 연극을 만드는 과정에서 학생들이 무엇을 학습하는지가 더 중요하다. 즉, 극적인 상황을 만드는 것이 중요한 게 아니라 학습자들이 그들이 다루고 있는 연극적 상황에 자신을 투사시켜 주제의 내용을 심도 있게 학습하는 것이 중요한 것이다. 또한 D.I.E는 가치 교육이나 고차원적 사고력 함양에 효과적이다(민병욱, 2000; 오판진, 2003). 연극은 복잡한 언어와 행위, 몸짓 등 거의 모든 상징작용을 활용하는 활동이기 때문에 복잡한 상징적 상호작용이 요구되는 의사소통 기술이나 복합적인 상징체계인 가치교육에 효과적이다(Shaftel & Shaftel, 1982). 특히, 문학작품, 사회문제나 쟁점을 소재로 연극을 할 경우, 사회문제에 대해 합리적 입장을 세우고 의사결정을 할 수 있는 능력을 함양할 수 있게 해준다(구민정·권재원, 2008).

2) 창의적 드라마(Creative Drama)

우리나라에서 Creative Drama는 '창조적 연극', '창의적 드라마', '연극놀이' 등으로 번역되고 있다. 필자는 창의적 드라마로 번역을 하고자 한다. 창의적 드라마(Creative drama)는 드라마를 만드는 과정과 그것의 결과로 극을 시연하는 것 간의 균형을 유지하며 드라마 만들기에 초점을 두는 것이다(Rosenberg, 1987). 극의 구조는 기존에 알고 있는 고전이나 이야기를 바탕으로 만들어지지만 이는 즉흥적이기 때문에 어떤 이야기든 대사가 미리 쓰이거나 암기되지 않는다. 관객의 개념은 제외되고, 행위하는 학습자들의 감정과 사상을 탐구하고 발전시켜서 표현하는 것이다. 이러한 과정에서 교사는 안내자로서 참여자들이 연극적 체험을 통해 그들의 사상, 개념, 감정을 탐구하고 발전시켜서 표현하도록 인도한다(정성희, 2006).

창의적 드라마(Creative Drama)는 1920년대 실용주의 교육철학의 영향으로, 미국에서 워드(Ward)가 중심이 된 교육연극 운동으로 창의적 드라마 운동(The Creative Dramatics Movement)에서 시작되었다. 미국에서 시작된 창의적 드라마는 영국에서 특히 발달한 D.I.E와 매우 유사한 모습을 보인다. 창의적 드라마는 1977년 미국 아동극 협회(The Children's Theater Association of America)에서 처음 공인된 용어이다. 미국 아동극 협회는 이 용어를 첫째, 즉흥적(improvisation), 비공연적(non exhibitional), 과정 중심적(process-centered)인 연극형식이며, 둘째, 지도자가 참여자들에게 인간 경험(human experience)을 상상하고, 반응하고 반영하도록 안내하는 예술 활동으로 규정하고 있다. 하지만 창의적 드라마를 정의하기 위해 포함시킨 앞의 속성들은 D.I.E에서도 그대로 찾아볼 수 있다. 이처럼 창의적 드라마와 D.I.E는 기본 원리, 사용되는 연극기법, 진행과정 등이 거의 유사하기 때문에 그 경계를 나누는 것이 쉽지 않다.

대표적인 교육연극 전문가 집단인 '사다리연극놀이연구소'는 다음과 같이 Creative Drama를 정의하고 있다. Creative Drama는 과정중심(process-centered)의 연극적 활동인 동시에 구조화된 놀이이다. 즉, 구조화된 놀이 속에서 참여자들은 자발성을 최대한 발휘하여 즐겁게 연극적 활동에 참여하는 것이라고 할 수 있다. 이때 참여자들은 상상력(imagination)과 동일시(identification), 체현(embodiment)과 반영(reflection)의 능력을 활용하여 상상의 세계를 창조하고, 그 세계 안에서 다양한 인간의 상상, 개념, 감정을 탐구하고 표현하며 경험한다. 따라서 창의적 드라마는 연극예술과 교육 모두에 걸쳐서 적용될 수 있는 기본적인 방법론이며, 또한 공동체적 체험을 통해 의미를 생성한다는 점에서 그 자체적으로도 열린 구조의 학습과정이라고 할 수 있다.

3) T.I.E (Theatre In Education)

T.I.E는 D.I.E와 같이 교육연극의 또 다른 장르이며 Theatre In Education의 약자이다. 이것은 주로 전문 T.I.E 극단에 의해서 진행된다. 1965년 Vallins에 의

해 Balgrade Theatre 극장에서 T.I.E가 최초로 시작되었으며, 이러한 교육연극의 실질적인 시도들은 1967년에 이르러 웨이(Way)에 의해서 'Development through Drama'로 체계화 되었다. T.I.E는 극단단원들이 스스로 흥미 있는 소재를 택하거나 학교 혹은 지역단체나 교육기관 등에서 의뢰 받은 소재를 연극으로 구성한다. 소재를 선택한 후에는 현장 조사와 폭넓은 자료조사를 통해 기본 골격과 목표를 선정한 후, 단원들의 공동 창작에 의해서 연극을 만들어 나간다.

T.I.E는 교육과정의 자료나 사회적 문제를 극의 주제로 사용하기 때문에 저학년보다는 고학년에게 적합하며(심상교, 2004), 배우-교사(actor-teacher)로 구성된 전문 단체에 의해 교육 목적을 위한 공연이 기획되고 준비된다. T.I.E 극단은 교사나 교육가와 긴밀한 공동 작업을 하며, 교사는 공연에서 논의된 주제에 기초하여 학생들과 후속작업을 갖는다. 그리고 공연 중이나 후에 반드시 관객의 참여를 요구하며 제기된 쟁점에 대해 논의하고 극의 결과를 실제로 결정한다(Jackson, 1993).

전문 T.I.E 극단 단원들은 배우와 교사의 전문적 지식과 기술을 동시에 갖춘 자격의 소유자로서 actor-teacher라고 불린다. 이들은 학교 현장 혹은 일련의 T.I.E 프로그램 대상자들과 협동하여 준비 단계(pre-work), 공연 단계(participation), 공연 후 단계(post-work/follow up)의 세 단계 과정을 전개해 간다(박은희, 2000). 준비 단계는 대체로 주제(theme) 정하기(이때 주제는 사회적 문제나 교과목 상의 소재 등 교육적으로 가치 있는 것으로 정한다), 핵심 의문문(central question) 만들기, 공연의 내용, 구조, 형식(content, structure, style) 정하기 순으로 진행된다. 이 과정에서 단원들은 미리 프로그램 대상들과 접촉하여 그들을 파악할 수 있는 기회를 가진다. 공연 단계에서 관객들은 프로그램의 의도대로 자연스럽게 공연 속에 참여하게 된다. 이것이 T.I.E와 일반 감상용 연극과의 뚜렷한 차이점이다. T.I.E는 actor-teacher와 참여자들이 함께 만들어 가는 연극이므로 참여자들의 반응에 따라 결론이 바뀔 수도 있다. 그러므로 actor-teacher는 항상 열려있고 깨어있는 자세를 가져야만 참여자들의 반응에 융통성 있게 대처할 수 있다. T.I.E에서 활용되는 관객참여 방법에는 역할 놀이(role play), 이야기 생성(story building), 즉흥극(improvisation), 극 중 인물과의 대화(hot seating), 포럼

연극(forum theatre) 등을 들 수 있다. 관객들은 이러한 방법들 중 하나, 또는 그 이상을 통해 극 속으로 참여하게 된다. 공연이 끝나면 주로 토론하기로 후속작업을 하며, 이 후속작업은 모든 프로그램에서 요하는 것이 아니라 프로그램에 따라서 공연 단계에서 토론이 이루어지기도 한다(박효선, 2007). T.I.E가 기존의 아동극과 극명한 차별성을 띄는 점은 관객들이 참여자로서 연극에 직접 개입한다는 것이다.

4) Process Drama

Process Drama는 1990년대 이후 헤스코트(Heathcote)의 제자인 시실리 오닐(Cecily O'Neill)에 의해 창안된 것으로, 헤스코트(Heathcote)가 '드라마를 통해 살아보기(living through drama)', '학습으로서 드라마(drama for learning)'의 진화를 위해 주력했다면, 오닐은 '예술로서의 드라마(drama as art)'의 진화에 주력했다고 할 수 있다(Taylor & Warner, 2006, p. 5). Process Drama는 교실 상황에서 특정한 역할을 맡은 배우-교사(actor-teacher)와 학생들이 연극이라는 허구에 몰입되어 각각 에피소드별로 특정한 쟁점들을 탐색하게 한다. 이 때 교사들은 허구적 세계로 안내하는 싸인(sign)을 학생들에게 제시하며 역할 안팎을 넘나들게 된다(O'Neil, 1995).

Process Drama에서 예비텍스트(Pre-text)라는 개념이 등장한다. 이는 Process Drama에서 없어서는 안 될 중요한 개념으로, 예비텍스트는 하나의 근거, 즉 드라마 작업을 가능하게 하는 이유를 암시할 뿐만 아니라, Process Drama를 위한 재료이며, 자극제이기도 하다. 또한 이것은 드라마 사건 이전에 존재하는 텍스트의 의미 또한 함께 수반하고 있다(O'Neill, 2001: p. 6). 그리고 예비 텍스트는 다음의 조건들을 충족해야 한다(O'Neill, 2001: p. 6).

- 학생들이 자신에게 내재된 역할을 효율적이고 경제적으로 시작할 수 있도록 틀을 마련해준다.
- 분명한 목적과 수행과제를 제시하는 데 도움을 준다.
- 행위에 대해 예상하도록 하고, 패턴을 만들고, 역할을 암시하고, 환경을 제시할 수 있는 구조적인 기능을 한다.
- 드라마의 적절한 시점에서 학생들의 움직임을 불러일으킬 수 있게 한다.

교사를 위한 교육연극의 이론과 실천

- 드라마를 엮어낼 수 있는 동기를 부여해 준다. 텍스트는 이러한 과정을 통해서 탄생하는 것이다.
- 전에 있었던 사건과 앞으로 닥칠 미래의 사건들에 대한 암시가 되어준다.
- 회상하거나 반복할 수 있다.
- 예비텍스트가 존재하는 한 기존의 대본은 불필요하다.
- 예비텍스트는 다양한 주제를 만들도록 도움을 준다.

독자들은 아직까지 예비텍스트에 대해 구체적인 이해가 어려울 수 있다. 이해를 돕고자 예비텍스트의 예를 들어보고자 한다. 그것은 오닐(O'Neill)이 소개한 인기 있는 예비텍스트의 한 예이다.

100달러
누구든지
다크우드 하우스에서
하룻밤을 보내는 분께 드립니다.

이 광고 문구를 통해 과거에 무슨 일이 있었는지, 또 앞으로 무슨 일이 일어날지 추측할 수 있다. 동시에 현재 어떤 극적인 사건이 일어나고 있는지도 알 수 있다. 이러한 예비텍스트를 통해 학생들은 그들이 풀어야 할 수행과제와 역할을 알게 된다.

오닐(O'Neill)은 극적 형식(dramatic form)을 어떻게 사용하는지 참고하여 수업에서 유용하게 쓸 수 있는 예비텍스트를 구상하였다. 교사들은 예비텍스트를 준비할 때, 텍스트가 가진 감동과 잠재성을 주의 깊게 살펴야만 한다. 예비텍스트로 활용될 수 있는 것은 사진, 제스처, 제목, 장소, 소품, 이미지, 고전 등이며, 이러한 것들이 드라마를 통해 재탄생하게 되는 것이다. 흔히 교사들은 감각열기(warm-up)나 마음열기 활동(ice-breaker)들로 수업을 시작하곤 한다. 이러한 활동은 주로 신체 움직임을 위주로 하는데, 이는 후에 진행하게 될 본시 활동과 그다지 연관이 있지 않다. 하지만 예비텍스트는 드라마 내부의 특별한 과정으로 이끌 수 있는 복선의 씨앗이 될 행위들을 포함하고 있다. 그 행위들은 별개의 것이 아니라, 서로 강력하게 연계되어 있기 때문이다.

5) Youth Theatre

Youth Theatre도 D.I.E와 T.I.E와 같이 교육연극의 한 분야이다. 영어 표기인 Youth Theatre를 '청소년 연극'이라 지칭하지 않고 '유스 씨어터'라 표기하는 이유는 현재 우리나라에서 전문극단이 청소년 관객을 위해서 공연하는 연극을 '청소년 연극'이라고 부르고 있으며, 중·고교 연극반에서 기성작가의 작품을 선정해서 배역을 정하고, 전문 연극인이나 연극반 교사의 연출에 의해 학생들이 연습하고 공연하는 것도 '청소년 연극'이라고 부르고 있기 때문이다. 후자의 것은 기성 연극인들의 연극제작과 공연방식을 그대로 답습하는 것이며 청소년들의 개성이나 창의력 개발보다는 공연을 목적으로 하기 때문에 관객들에게 보여주기 위해 주력한다. 그러나 Youth Theatre는 전문 연극인이나 교사의 도움으로 청소년들이 자신들의 관심거리나 문제점 등에서 주제를 선택하고 선택한 주제를 놓고, 연구, 창작하여 연습하고 자신들이 공연까지 하는 순수한 아마추어 연극을 말한다. Youth Theatre의 진행과정을 요약해서 말하자면 첫째, 다양한 워밍업(Warming up)으로 신체적, 정신적 긴장을 풀고, 둘째, D.I.E와 T.I.E의 테크닉을 몇 가지씩 익히도록 한다. 셋째, Youth Theatre 실습을 하는데 이때 실습은 T.I.E의 세 단계 과정에 따라 매일 진도를 나가고 공연까지 하게 된다.

Youth Theatre는 교육연극 전문가 혹은 교사의 지도 아래 청소년들이 대본을 구안하여 연습하고 이를 공연하는 아마추어 연극으로, 전문 극단이 청소년 관객을 위해 공연하는 감상용 연극과는 구분되는 연극 형식이다(박은희, 1996). 이는 즉흥극부터 대본을 바탕으로 한 연극의 공연, 혹은 리허설에 이르기까지 어떤 것이든 가능하다. 이것의 본질적인 목적은 학생들이 그들의 사상, 감정 등을 연극에 담아 그들의 목소리를 표현하는 데 있다.

Youth Theatre의 주된 개념인 play building은 즉흥을 기반으로 하는 탐구적인 연극 기술로서 학생 그룹의 결속을 증가시키고 문제해결력 증진을 가져다주며, 특히 ESL(English as Second Language) 학생들에게 언어적 자신감을 증진시키는 데 사용되고 있다. 이 과정은 학생들의 앙상블을 증가시키는 활동으로 시작하고, 주제에 대해 그들의 이야기를 공유하며 그것을 연극으로 발전시켜 마지막에는 연습과 공연의 단계로 끝이 난다(Weigler, 2001).

Youth Theatre는 청소년들 개개인과 사회적 발달에 영향을 미친다. 휴(Hughes)와 윌슨(Wilson)의 연구에 따르면, Youth Theatre는 청소년들의 팀워크 향상을 가져다주고, 그들이 자신감을 가지고 자신을 표현하는 데 도움을 주며, 어려운 상황에 대처하는 능력을 키울 수 있게 해 준다고 하였다(Hughes & Wilson, 2004). 특히 자신감이 없어 누구에게도 말을 걸지 않았던 한 청소년은 자신이 연극을 하고 난 뒤 사람들에게 다가가 자신을 소개하며 친구를 사귀는 능력이 개선되었다고 하였다. 또 다른 학생은 이전에 생각해보지도 않았던 쟁점들이 생겼으며, 타인의 관점으로부터 상황을 탐색하고 생각하는 법을 학습하게 되었다고 하였다.

이어서 Youth Theatre는 미학교육에 있어 중요한 의의를 지니고 있다고 할 수 있다. 미학교육은 예술을 하는 방식과 테크닉에 중점을 두는 예술교육과는 다른 차원의 교육으로, 예술가의 시선으로 세상을 느끼고 지각하도록 학습자들의 역량을 키워주는 것이다(Greene, 2001). 즉, 학생들을 둘러싼 모든 세계에 대해 이미 배워왔던 방식으로 학습하는 것이 아니라, 새롭고 다른 차원의 느낌과 감각을 열어 새로운 세계에 대한 가능성을 스스로 알게 하도록 안내해주는 것이 미학교육이다. 그 일환으로 교육연극은 미적체험이 강조되며, 낯익은 사물을 낯설게 보는 지각능력과 새로운 차원의 세계를 경험하는 능력, 그리고 상상력을 활용하는 능력을 증진시켜줄 수 있다(임부연, 2013).

6) 어린이 연극(Children's Theatre)

미국 어린이연극협회는 어린이 연극(Children's Theatre)을 '젊은 관객을 위한 연극(Theatre for young audiences)'이라는 큰 범주로 울타리를 정하고 다음과 같이 정의를 내리고 있다. '젊은 관객을 위한 연극'이란 젊은 관객, 어린이(대표적으로 다섯 살에서 열두 살 사이의 어린 사람)이거나 청소년(대표적으로 열세 살에서 열다섯 살의 어린 사람) 관객을 대상으로 훈련되어 있는 배우들에 의해 만들어진 공연을 말한다(Landy, 1982). 이 연극은 관객중심의 연극이기 때문에 그 점에서 연극놀이와 창의적 드라마와는 다르다. 어린이 연극은 어디까지나 관객에게 보여주기 위한 연극이다. 따라서 어린이 연극은 전문가에 의해 연출된 공연이며, 배우들은 미리 준비된 대사, 무대 장치, 의상이 중요한 역할을 한다. 어린이 공연의 장점으로는 동화나 역사와 같이 이미 알고 있는 이야기 등이 공연의 형태로 무대에 올려지는 것을 즐길 수 있는 점과 연극을 감상하는 동안 극중 인물과 자신을 동일시함으로써 일상생활에서 겪어보지 못하는 체험을 할 수 있다(장이화, 2002). 위에서 거론된 다양한 교육연극의 방법은 그 진행 방식에 있어서 각각의 일반적인 틀이 존재한다. 하지만 정확한 틀이 규정되어 있는 것이 아니라 교육의 대상, 교육적 목표와 의도, 지도자의 개별적 성향과 관심에 따라 교사는 다양하게 구성하여 활동을 진행할 수 있다.

③ 교사의 역할

1) 포럼 연극(Forum Theatre)에서의 조커

아우구스토 보알(Augusto Boal)이 창안한 포럼 연극(Forum Theatre)은 배우와 관객이 똑같은 비율로 참가하는 창조적인 연극 형식으로서(Thrau, 1989: 84), 유럽, 북미뿐 아니라, 국내 교육 현장에서 교육연극의 한 기법으로 활용되고 있다. 보알(Boal)은 아리스토텔레스(Aristoteles)의 비극적 시학체계를 비판하고 "연극은 하나의 무기다(Boal, 1985)."라고 주창하면서 억압받는 민중의 해방을 위해 행동하는 연극론을 펼친 브라질 태생의 연출가이자 극작가, 시의원이다. Forum Theatre의 목적은 연극을 통해 논쟁을 촉발시키고, 대안을 보여주고, 사람들을 그들 삶의 주인공이 되도록 하는 데 있다(Jackson, in Boal, 2002: xxiv). Boal의 포럼 연극(Forum theatre)은 구체적인 갈등이 담긴 짧은 장면을 관람한 관객들이 극의 주인공이 해결하지 못한 문제에 대해 고민하며 풀어보는 연극 형식이다(Boal, 2002). 관객은 극의 갈등을 이성적으로 생각하고 추론할 뿐만 아니라 문제의 상황에 배우로 개입하여 역할의 인물로써 해당 문제를 좀 더 입체적이고 현실적으로 경험할 수 있게 된다. 그들은 각각 다른 입장이 되어봄으로써 문제를 새롭게 인식하고 해결하는 과정을 체득하게 된다.

Forum Theatre에는 조커가 있는데, 조커는 극의 결말을 열어둔 채, 참여자들 스스로가 해결책을 제시하도록 방향을 인도하는 임무를 맡고 있다. 조커는 관객과 연극 속 인물의 상호작용을 촉진시킴으로써 연극의 허구 세계와 관객이 있는 실제 세계의 두 세계를 연결해주는 중요한 역할을 맡고 있다. 즉, 두 세계 간의 중요한 문을 열어주는 문지기(all-important door-opener)인 것이다(Prendergast & Saxton, 2009: p. 70). 그러므로 Forum Theatre는 관객이 연극 장면에 개입하여, 연극의 허구 세계와 관객의 실제 세계가 상호작용을 함으로써 사람들의 행동, 성찰, 변화를 이끌어 내는 것이다.

Forum Theatre의 과정은 다음과 같은 방식으로 이루어진다. 첫 번째 연극이 진행되고 난 뒤, 관객은 연극의 주인공이 제안한 해결에 동의하는지 조커로부터 질문을 받게 된다. 그리고 그 장면이 두 번째로 공연되는데, 이때 배우들은 '세상을 있는 그대로' 제시하면, 관객은 세상을 '그렇게 되었으면 하는 것'으로 바꾸어 놓는다(Thrau, 1989: p. 84). 관객이 "스톱!"하고 외치며 무대 위로 나오면, 배우들은 하던 연기를 멈추고, 그 관객은 장면 중 개입하고 싶은 곳의 인물의 역할을 맡아 연기하게 된다. 동의할만한 해결책이 나올 때까지 장면은 계속 반복될 수 있다. 즉, Forum Theatre에서는 관객들에 의해 연극 속 억압이 극적으로 토론될 뿐만 아니라, 그 억압을 없애버리기 위한 많은 가능성과 형태 또한 토론되는 것이다.

또한 조커는 Forum Theatre에 참여하는 관객들에게 '마법(magic)'의 해결책 사용을 금해야 한다. '마법'의 해결책은 문제에 대해 전혀 가능성이 없고 부적절한 해결책을 의미한다. 예를 들어, 무직인 사람에 관한 Forum Theatre를 할 경우, 그가 복권에 당첨되어 문제 상황을 해결하는 것으로 제안해서는 안 된다는 것이다(Frasca, 2001). 보알(Boal)은 '마법'의 해결책처럼 전혀 일어날 가능성이 없고 부적절한 해결책이 제안될 경우, 관객들이 이 해결책에 대해 의사결정을 하도록 하는 것이 바람직하다고 하였다(Boal, 2002).

보알(Boal)이 고안한 포럼 연극은 관객이 연극이라는 분명한 상황 인식하에 현실을 연습하는, 예술과 현실이 이상적으로 혼합되는 형식이라 할 수 있다. 구조상으로 볼 때 '포럼연극'은 경기나 놀이와 비슷하기 때문에 특정한 규칙에 따라 행해진다. 이 규칙은 변경될 수도 있지만 없어서는 안 되는 것이다. 이렇게 규칙이 있어야만 되는 것은 공통된 목적과 방법이 작업의 성패를 좌우하기 때문이며 또한 이로 인해 의미 있는 대결이 될 수 있는 것이다. '포럼연극'에서 관객은 자신들의 아이디어를 비판적으로 검토하고 그것을 실험 삼아 실제로 —연극의 실제로— 옮겨 볼 기회를 갖는다. 포럼연극은 관객이 완전한 이성의 지각상태에서 드라마에 참여할 수 있도록 만든 것이다. 관객들의 참여를 보다 원활히 하기 위해서는 그 전에 미리 연습과 게임을 통해 긴장감을 이완시키는 것이 필요하다(심경숙, 1999). 보알(Boal)은 포럼연극의 가장 중요한 효과란 '생각하는 과정'이라고 말한다. 여기서는 관객이 해결책을 찾기 위해 비판하고, 관찰하고, 노력하는 과정이 중시된다. 때문에 포럼 연극을 통해 해결책을 얻어내지 못했다 할지라도 어떤 문제에 대해 생각했다는 것이 중요하다. 또한 포럼 연극은 참여자들이 겪는 문제들은 연극으로 공연하고, 이 문제를 관람한 다른 참여자들이 이 문제에 직접 개입하여 해결책을 찾는 것이다. 이를 통해 참여자들은 자기 주변의 사물과 사람들에 대한 인식을 새롭게 하며 머리로만 사고할 때보다 훨씬 더 구체적이고 생생한 논리력을 함양할 수 있다. 그 예로 제 3세계 국가에서의 빈부 격차의 사회문제를 '포럼 연극'을 통해 문제를 확인하고 그 해결점을 교육적으로 해결하기도 한다. 뿐만 아니라 비판적 사고, 추론적 사고, 창의적 사고 등 사고력 교육에 있어 참여자들이 구체적 상황 속에서 나의 문제로 인식하고 쉽게 접근하도록 하고 있다.

Forum Theatre를 활용한 연구들은 국내·외에서 활발히 진행되고 있다. 비행 청소년을 위해 Forum Theatre를 활용한 결과, 타인과의 소통과 관계에 대한 이해가 증진되었으며 문제해결 능력을 통한 범죄 행위 감소 측면에서 바라보았을 때, 그들은 스스로 과거 그들의 행동에 대해 반성을 하였다고 한다(권재기·우주희, 2007). 또한 또래 괴롭힘과 학교폭력을 위하여 Forum Theatre를 활용한 살라스(Salas, 2005)와 버튼(Burton, 2010)의 연구에서는 또래로부터 괴롭힘을 당하는 학생들의 이야기가 Forum Theatre를 통해 묘사되고, 참여자가 연극의 주인공에게 공감하여 주인공이 겪고 있는 문제의 해결점을 찾게 되었음을 밝히고 있다.

2) 전문가의 망토(Mantle of the Expert)에서의 교사

'전문가의 망토'는 학생들 스스로가 전문가라는 인식을 하며 역할을 수행하는 것이다. 이 기법은 도로시 헤스코트(Dorothy Heathcote)가 학생들이 스스로 특정 문제와 겨룰 수 있는 기회를 제공하기 위해 창안해 낸 것이다. 이렇게 학생들이 전문가로서 이야기를 공유해가는 과정 안에서 그들은 자발적으로 극에 참여할 준비를 해야 한다. 이때 교사 역시 역할로서 사건을 증폭시키고, 해결할 수밖에 없는 상황을 만들어내야 한다. 이러한 과정 속에서 학생들은 자연스럽게 문제를 해결하기 위해 미션을 수행하듯 전문가로서 역할을 수행하게 되고, 그 안에서 구조적으로 얽혀 있는 문제의 핵심에 직면하게 된다. 학생들이 역할을 맡는다는 것, 특히 전문가로서의 역할에 큰 매력을 느낀다는 것을 교육연극 혹은 연극을 지도해본 교사들은 한 번씩 느껴봄직 할 것이다. 교사가 상황을 설명하는 것보다 극적 상황에 몰입해 들어가는 데 있어 가장 효과적인 장치가 '전문가의 망토'라고 할 수 있다. 실제로 학생들에게 탐정, 전문가 등의 역할이 주어질 때, 그들은 그 분야에 대한 해박한 지식이 없음에도 불구하고 좀 더 구체적으로 사건을 보게 되는 것이다.

3) 역할 속 교사

'역할 속 교사(Teacher in Role)'는 도로시 헤스코트(Dorothy Heathcote)에 의해 창안된 기법으로, 이는 교사의 역할이 보다 적극적으로 강조된 개념이다. '역할 속 교사'는 앞에서 언급한 '전문가의 망토'와 함께 학생들을 역할과 극의 상황 속으로 더욱 몰입할 수 있게 하는 매개체이다. 역할 속 교사의 목표는 학생들로 하여금 특정 문제가 포함하고 있는 '보편적인 의미'를 찾아내도록 돕는 것이고, 이때 교사는 그저 극이 일어나고 있는 상황 밖에서 학생들을 지켜보고 격려하기보다는 보다 적극적으로 극에 개입하게 된다. 즉, 하나의 역할을 맡아서 연극적 상황 안으로 들어가는 것이다. 이때 교사에게 필요한 자질은 한 명의 인물을 창조해 내기 위해 연기 그 자체에 몰입하는 것이 아니라, 어떤 종류의 태도 혹은 입장을 분명히 하는 것이다. 이때 독자들은 연기전공자도 아닌데 어떻게 연기를 할 수 있을까 하는 우려를 할 수도 있을 것이다. 여기서 조언을 하나 하자면, 오닐(O'Neill)은 교사가 역할을 맡으려면 권위 있는 역, 즉 지위가 높은 역할부터 낮은 역할 순으로 역할을 수행할 것을 권하고 있다(O'Neill, 2001). 이처럼 '역할 속 교사'와 '전문가의 망토'는 학생과 교사 모두 역할과 극의 상황 속으로 더욱 몰입할 수 있도록 해준다. 그리고 헤스코트(Heathcote)는 극을 중단하여 수업에 참여하는 모든 학생들이 하나의 사건을 충분히 경험할 수 있는 기회를 제공하고 다시 극의 흐름을 이어가며 수업을 조절했다. 이렇게 하는 이유는 학생들이 직면하고 있는 그 상황을 인식하고, 이를 통해 학생들로 하여금 반성적인 사고를 이끌어내기 위함이다.

이러한 '역할 속 교사' 기법은 학습자로 하여금 문제 상황의 핵심으로 쉽게 몰입하도록 유도한다(Bolton, 1999). 교사는 '역할 속 교사' 기법을 통하여 학급 전체와 동시에 관계를 맺음으로써 학급의 일체감을 빠르게 조성할 수 있고, 나아가 생존 문제 상황(swim or sink)에 즉시 학생들을 배치하여 수업을 보다 효율적으로 진행할 수 있게 된다(정성희, 2006: pp. 165–166). 또한 교사는 역할을 통하여 학생들이 문제 상황을 스스로 깨닫도록 정보를 제시할 뿐만 아니라, 그 맥락을 창조하고 그 맥락에 맞는 변화와 요구가 충족되도록 유도할 수 있다(정성희, 2006).

또한 '역할 속 교사' 기법은 학생들로 하여금 반성적인 순간을 창조하도록 한다(정성희, 2006). 여기에는 동일시(identification)와 자기-관객(self-spectatorship)의 두 개념이 동원될 수 있다. 연극을 만드는 과정에서 학생들은 동일시를 통해 역할에 몰입하게 된다. 동일시는 개인과 실제 세계, 그리고 개인과 허구 사이에서 발생하는 많은 갈래들을 연결시켜주는 망을 상징하며, 여기에는 이해, 모방, 개인적 해석, 집단 협의, 기여 등이 포함된다(Bolton, 1999). 이러한 동일시의 과정을 통해 결과적으로 학생들이 재현하는 것은 실제 그대로의 모사가 아닌 학생들이 이해한 것이다(Bolton, 1999). 학생들은 그들이 이해한 것을 재현하면서, 허구의 인물을 이해하고 더 나아가 자기 자신의 일상생활과 연계 짓게 되는 것이다. 즉, 그들은 허구의 인물에 동일시함으로써 자신의 과거의 삶을 반성하게 되는 것이다.

교사를 위한 교육연극의 이론과 실천

뿐만 아니라 학생들의 자기 반성적 사고를 가능하게 하는 자기—관객개념은 일종의 관객이라는 역할에 기반을 두며(Bolton, 1999), 교육연극 활동에서 필연적으로 나타나게 된다(최지영, 2016). 교육연극 활동에서 학생들은 배우이자 관객으로 참여하게 된다. 이때 학생들은 다른 인물들을 관찰함과 동시에 자신의 연기 행위 또한 관찰하게 되는데, 이것은 가상의 상황에 몰입해 "자신과 우연히 부딪히는 것(come across oneself)"으로 간주할 수 있다(Bolton, 1999; 266). 극의 몰입을 통해 학생들이 궁극적으로 직면하도록 하는 것은 극적 상황 속의 자기 자신과 만나게 되는 것이라고 할 수 있다(최지영, 2016). 이렇게 기존의 교사와 학생이라는 수직적 관계에서 직접적인 가르침이 아닌, 수평적 관계에서 드라마 속의 역할을 통해 교사의 의도가 효과적으로 전달되는 것이다.

'역할 속 교사'에서 교사는 자주 학생들과 함께 역할을 통해 드라마에 적극적으로 참여하여 연극적 요소들을 이용하여 학생들의 인지적·정서적 반응을 스스로 탐구하도록 유도하게 된다. 이것을 단지 교사에게 특정한 배역 하나가 주어지는 것이라고 해석해서는 안 된다. 드라마의 역할 속에서 교사는 끊임없이 학생들의 활동을 암묵적으로 인도하고 수정하도록 유도하는 역할을 수행해야 한다. 또한 반성적 순간을 창조하는 것은 학생들이 적극적으로 자신의 지식을 습득하도록 하는 것이다. 헤스코트(Heathcote)는 학생들의 이해를 심화하는 과정을 "내적 이해(innerstanding)"라는 용어를 차용하여 표현하였다(Hesten, 1994). 헤스코트(Heathcote)는 학생들로 하여금 내적 이해의 과정을 창출하기 위해서는 성찰적 반성과 압력의 과정을 통해 특정한 문제와 상황에 진정으로 접해야 하고, 그러한 경험을 바탕으로 수업을 진행해야 한다고 하였다(St. Clair, 1991). 이러한 방식으로 수업이 진행됨에 따라 학생들은 그들의 반성적, 성찰적 능력이 발휘되고, 진정한 의미의 지식이 습득되는 것이다. 따라서 교사의 '역할 속 교사' 기법을 통해 학생들에게 반성적 순간을 창조하는 것은 결국 그들의 내적 이해를 성취하기 위한 과정인 것이다.

뿐만 아니라, 이 기법을 통해 교사는 학급이 그 문제 상황의 핵심으로 쉽게 몰입하도록 유도하게 된다. 즉, 교사가 학생들에게 "자, 이제 ~하려고 합니다" 혹은 "자, ~ 역할을 맡아보자"라고 언급하는 것이 아니라, 허구의 세계 안에 있는 교사가 학생들을 허구의 세계 안으로 들어오게 하는 것이다. 이 기법은 수업 초반에 효과적으로 사용되기도 한다. 교사와 학생이 함께 역할을 맡게 된 상황에서 교사는 학생들 스스로 깨닫도록 정보를 제시하는 것뿐만 아니라, 그 맥락을 창조하고 그 맥락에 맞는 변화와 요구가 충족되도록 유도해야 하는 것이 중요하다. 이러한 교사의 의도는 교사의 직접적인 지도와 가르침을 통해서가 아니라, 학생들과 수평적 관계에서 드라마 속의 역할을 통해 효과적으로 전달이 되는 것이다. 이로 인해 교사는 역할을 통해 기존에 교사와 학생이라는 수직적인 관계를 무너뜨리고, 수평적 관계에서 학생들과 상호작용하게 되는 것이다. 여기서 독자들은 교사가 역할을 맡아 학생들과 수평적인 관계에서 수업을 진행하게 되면 교사의 권위가 없어지는 것은 아닐까 우려할 수도 있을 것이다. 반대로, 이러한 교사는 기존의 교사 권위를 무너뜨리기보다는 오히려 그 역할 내에서 더 효과적이고 체험적인 권위를 갖게 된다는 것을 명심하면 좋겠다.

동일한 상황에서 학생들과 동일한 위치의 역할을 맡아 상호작용을 하고 있다 하더라도, 여기서 중요한 것은 교사와 학생이 서로 다른 의미에서 작용을 하고 있어야 한다는 것이다. 교사는 이미 계획된 상황을 구조화하여 그 상황에서 학생들의 자각을 유도하고자 하는 의도를 가지고 있다. 반면에 학생들은 계속 이어지는 극의 상황에 자연스럽게 몰입하게 된다. 이처럼 교사와 학생은 수평적 관계 속에서 동등한 위치의 역할을 수행하지만, 궁극적으로 의도하는 바와 작업에 임하는 목적은 서로 다른 것이다.

4) 교육연극의 교육적 효과

교육연극은 연극의 제작 과정에서 교육목표가 달성되도록 하는 교수학습방법으로서, 관객을 대상으로 공연하는 전문 연극과는 차별화된 새로운 교수학습방법이라고 할 수 있다(구민정·권재원, 2008; 최지영, 2007). 교육연극은 연극을 만드는 과정에서 학습자들의 행위 그 자체가 중요시되며, 교수－학습 과정은 구성주의에 입각하여 학습자 중심으로 이루어져 있다(정성희, 2006). 또한 교육연극의 기본전제는 교육을 '가르침', 즉 교수(teaching)이 아니라 '배움', 즉 학습(learning)이라는 개념으로 이해하기 때문에 결과중심의 목적성과 구분되는 과정중심의 교육

효과를 도모한다(김병주, 2008: 31).

교육연극은 교육과 연극이라는 두 영역 간의 접목에서 파생되는 관점의 차이로 인해 그 영역의 독자성에 대한 논란이 있어 왔다. 하지만 최근에는 독립된 학문으로써 실용적 소통과 교감의 매체로써 변화와 발전을 거듭하고 있으며(김병주, 2008) 그 효과도 다양한 측면에서 조망되고 있다. 우선 교육연극은 인성교육이나 정서교육에서 자기발견과 인격형성에 효과가 있는 것으로 나타났다(구민정·권재원, 2008; 정성희, 2006; Courtney, 1980; Kempe & Winkelmann, 2007). 이는 교육연극 방법 자체가 학생들에게 사회에서의 다양한 역할을 맡아서 행위하고 생각하고 반성할 수 있는 경험을 제공해 주는 데 효과적이기 때문이다. 이러한 경험은 학생들에게 그들이 맡은 역할과 상대방의 역할에 대한 이해와 더불어 타인과의 활발한 의사소통을 통해 자신과 타인을 새롭게 발견하고 이해할 수 있도록 도와준다(이정순, 2000). 뿐만 아니라, 교육연극은 자발적인 활동이며 사고력, 표현력 및 창의력을 신장시키는 데 있어 교육적 효과를 기대할 수 있다(정성희, 2006; Courtney, 1980; Kempe & Winkelmann, 2007). 이는 교육연극이 수동적이고 맹목적인 학습이 아니라 능동적이고 가상적 경험을 체험하게 하는 중요한 교수학습 방법이 될 수 있음을 시사한다. 특히 교육연극은 학생들에게 즉흥극의 성취감으로 표현력을 향상시켜 주며(Courtney, 1980), 지식전달 위주의 수업에 어려움을 겪는 학생들로 하여금 창의적으로 자신을 표현할 수 있는 기회를 제공해준다(Kempe & Winkelmann, 2007).

교수학습방법으로서 교육연극은 학생들에게 공조학습의 기회를 제공하고, 사회성, 협동심 등의 능력을 향상시켜주며, 특히 다문화 학생들의 공감능력을 증진시켜 줄 수 있다(장연주·신나민, 2014). 그리고 교육연극은 의사소통 기능, 다양한 문화적 배경과 가치를 이해하고 공감하는 능력을 함양하는 데 효과적이다(McCaslin, 2006). 교육연극은 상상놀이, 연극놀이에서부터 즉흥극, 연극 만들기까지 다양한 활동들을 포함하고 있다. 이러한 활동들은 아동들이 가상의 상황에서 자발적으로 참여하여 역할분담과 협력을 통해 끊임없이 상호작용함으로써 그들의 교우관계 개선에 영향을 미칠 수 있다(백성희, 2000). 또한 교육연극은 올바른 또래관계의 필수조건인 듣기 기술, 감정 이입, 대인 간 문제해결 등의 능력을 길

러준다(Walsh–Bowers & Basso, 1999). 뿐만 아니라, 교육연극은 자신과 타인 및 세상에 대한 긍정적인 인식의 향상을 가져다 주며(Way, 1967; Pinciotti, 1993), 이러한 긍정적 자기 인식은 건전한 또래관계에 있어 개별적인 발달의 필수요건이다(Way, 1967). 따라서 교육연극은 학습자들에게 흥미를 제공하고 자신을 표현하게 할 뿐만 아니라 또래들과 상호협력을 하게 하므로, 의사소통능력, 문제해결력 등 사회성 함양을 위한 효과적인 교수학습방법이다(정계숙·윤갑정, 2006).

뿐만 아니라, 교육연극은 2015 개정 교육과정의 6개 핵심역량을 함양하는데 기여하고 있다(김수연, 2016). 그중 하나로, 교육연극은 학생들의 자신감 형성에 기여한다(Wagner, 1999). 교육연극 활동 중에 학생들이 그들의 생각과 관점을 시험하는 동안, 그들은 생각을 만들어내고 그 생각에 도전하는 능력과, 자신의 관점을 표현하고 의사소통하는 능력에 대한 자신감 향상을 경험할 수 있다(McGregor et al., 1980). 또한 교육연극의 다양한 활동들은 참여하는 학생들로 하여금 그들 본인의 가능성을 인식하고 확신하게 한다(Dickinson & Neelands, 2006). 2015 개정 교육과정의 핵심 역량 중 하나인 자기 관리 역량을 함양하는데 있어 교육연극이 중요한 역할을 할 수 있는 것이다. 2015 개정 교육과정의 총론에 명시되어 있듯이 자기관리 역량은 '자아정체성과 자신감을 가지고 자신의 삶과 진로에 필요한 기초적 능력 및 자질을 바탕으로 자기 주도적으로 살아갈 수 있는' 능력을 의미한다. 교육연극은 학생들이 가진 잠재능력을 바탕으로, 자신이 누구이며, 자신이 무엇을 원하는지, 왜 그것을 원하는지를 명확히 알고 그를 위해 목표를 정해 나아가는 법을 연습하도록 하는 기회를 많이 제공하게 해 준다. 이렇게 교육연극을 통해 학생들은 자신감을 증진할 뿐만 아니라, 그들 자신에 대해 더욱 잘 알게 된다.

대부분의 교육연극 활동은 책상과 의자가 없는 빈 공간에서, 때론 교사를 포함한 모든 학생들이 동그랗게 앉아, 때론 몇 개의 소그룹으로 논의하며 활동하게 된다. 예를 들면 학생들은 갈등 상황의 중심에 있는 학생의 역할을 맡아 그 인물로서 어떻게 생각을 하고 행동을 할 것인지 소그룹에서 의견을 교환하고 그것을 그룹별로 조각상(tableau)으로 표현하는 활동을 한다고 생각해 보자. 이런 활동 중에 학생들은 자신이 속한 그룹 내에서 각자 생각하는 바를 자유롭게 공유하면서 그들의 생각을 표현할 것이다. 또한, 그 학생의 생각에 동의하는, 혹은 다른 의견을 가진 학생들과 의견을 교환하는 경험을 하게 될 것이다. 더불어 그룹 내 논의 과정이 있은 후에 그 학생의 그룹 구성원들과 함께 만든 조각상(tableau)을 다른 그룹의 구성원들에게 보여주는 활동으로 또 한 번 그들을 표현할 수 있는 기회를 가질 수 있다. 그리고 다른 그룹의 조각상(tableau)을 보면서 본인이 속한 그룹과 생각이 어떻게 다른지 알 수 있을 것이다.

이는 교사는 말하고 학생은 교사의 생각을 단순히 받아들이게 되는 전통적 방식의 수업, 즉 어떤 것이 정답이라는 획일적이고 단언적인 교사의 설명을 단순하게 수용하는 교육방식과는 전혀 다른 방식으로 진행되는 수업이다. 반면에 학우들이 서로 다양한 생각을 하고 있음을 인정하고, 존중 받는 분위기에서 각자의 배움을 스스로 찾는 수업방식인 것이다. 학생들은 그들이 생각하는 것을 말하고 보여주는 활동을 통해 그들이 어떤 사람이고 무엇을 원하는 사람인지 그 정체성을 정립할 기회를 가질 수 있고, 뿐만 아니라 자신의 생각이 타인에 의해 동의되고 받아들여지는 경험을 통해 자신감 증진에 기여할 수 있다. 또한 학생들이 그들과 다른 의견을 가진 학생들과 의견을 교환하도록 하는 경험은 다른 사람과 다른 '나'에 대해 인지하게 되고 자신감을 가지고 자기 주도적으로 살아갈 수 있는 힘을 길러주게 된다.

교육연극은 문제를 비판적으로, 합리적으로 해결하기 위하여 다양한 영역의 지식과 정보를 처리하고 활용할 수 있는 지식 정보 처리 역량을 함양하는 데 도움을 준다. 독자들 중 몇몇은 간혹 교실 내 교육연극의 도입은 학생들의 인성교육에만 활용하는 데 머물러 있을 것이라고 생각할지 모른다. 하지만 예를 들어 수업 중에 미세먼지에 관한 이슈로 교육연극 활동을 한다고 생각해보자. 학생들은 환경보호 단체 직원, 지역 주민, 정부 관료 등의 역할을 맡아 이 이슈에 관계된 인물로 한 자리에서 만나 회의를 하게 되는 즉흥극 활동을 할 수 있다. 이 활동을 위해 참여하는 학생들은 우선 각자 맡은 인물이 알아야 할 정보를 수집해야 할 것이다. 환경 보호단체 직원 역할을 맡은 학생은 미세먼지가 지역 생태계와 환경의 변화에 어떠한 영향을 주는지 그 실태에 대해 조사해야 할 것이다. 또한, 정부 관료 직원 역할을 맡은 학생은 미세먼지 유입 방지와 유입된 미세먼지

감소를 위해 어떠한 법적 절차를 거쳐야 하며 어떠한 현행법이 적용될 수 있는지에 대해 알고 있어야 할 것이다. 그리고 지역 주민들은 미세먼지가 주거 및 생활환경에 미치는 영향 등에 관한 리서치 작업을 선행해야 할 것이다. 이렇게 각자 맡은 역할로서 자신이 가진 정보를 바탕으로 모든 역할의 학생들이 모여 논의하는 자리에서 상대방의 입장과 주장에 대해 자신이 수집한 지식과 정보를 활용하여 어떻게 문제를 해결해야 할 지 결정해야 한다. 즉, 즉흥극이 시작되면 주어진 이슈를 합리적으로 해결하기 위한 논의가 진행되어야 한다. 이 과정은 분명 논리적이어야 하고 설득적이어야 할 것이다. 이렇게 교육연극을 활용한 수업은 다방면의 지식과 정보를 처리하는 역량을 함양하는 수업인 것이다.

교육연극은 학생들로 하여금 끊임없이 그들 자신을 돌아보고 주위의 사람을 배려하고, 스스로 생각을 끊임없이 성찰하도록 해 준다. 여기서 끊임없이 자신을 성찰하는 것은 곧 비판적 인식의 차원을 의미하며, 주위의 사람을 배려한다는 것은 독단적으로 행해지는 것들을 배제하면서 나 이외의 다른 사람들이 나와 동시에 존재한다는 것을 받아들인다는 것이다(이은주, 1994). 그리하여 교육연극은 그 자체가 비판적 행위로 간주된다(김수연, 2016). 교육연극의 과정에 있어 비판적 사고는 끊임없이 진행되며 '왜 그러한가?', '그것이 당신에게 어떠한 느낌을 주는가?' 등의 호기심에서 시작되는 매우 의식적인 행위이다. 학습자들은 연극적 행위를 통해 가상의 상황을 체험해 봄으로써 그 상황에 대한 정보를 얻고, 판단을 하게 되며, 이를 바탕으로 그 상황에 대해 좀 더 분명한 이해를 하게 되고, 이로 인해 비판적 사고 능력을 기를 수 있는 것이다(김용조, 2004).

교육연극은 학생들로 하여금 그들의 창의적인 사고력을 증진시키는데 가치가 있는 효과적인 교수학습방법이다(Winston, 2004). 학생들은 끊임없이 자신의 의견을 이야기하고 몸으로 움직이며 장면을 만들고 보여주고 싶어 한다. 그들이 만들어내는 것은 구성원들 자신의 생각과 작업을 통해 만들어지는, 이전에는 없었던 새로운 것이라 할 수 있다(Dickinson & Neelands, 2006). 또한 학생들은 주어진 텍스트를 바탕으로 자신의 상상력과 창의력을 활용하여 그들만의 해석을 덧붙여 표현하기도 한다. 교육연극이 아닌, 연극 활동에서도 배우로서, 무대·음향·조명 디자이너로서, 혹은 연출가로서도 상상력과 창의력은 요구된다. 사실 그 어떤 형태의 예술 활동에 있어 필수적으로 수반되어야 하는 것이 바로 상상력과 창의력이다.

지난 2009 교육과정과 달리 2015 개정 교육과정에서는 창의 '융합'형 인재 양성을 강조하고 있다. 창의 융합 사고 역량은 '폭넓은 기초 지식을 바탕으로 다양한 전문 분야의 지식, 기술, 경험을 융합적으로 활용하여 새로운 것을 창출하는 힘'이다. 두말할 필요도 없이 이런 창의 융합적 사고 역량을 갖춘 인재 양성을 위해서는 각 학교에서 규정하고 있는 개별 교과목의 교육과정을 따라가는 것이 아닌, 각 과목 간의 경계를 넘나들어 지식을 유연하게 구성하는 구성주의식 교육과정이 더욱 적합하다 할 수 있다. 유사한 학문 영역 간, 혹은 전혀 어울리지 않을 것 같은 이질적인 과목 간의 통합 수업의 시도가 바로 창의 융합적 인재 양성에 기여할 수 있다 하겠다. 예를 들어 공해문제에 관한 이슈를 활용하여 교육연극 활동을 한다고 상상해보자. 미세먼지에 관한 이슈를 담론하는 즉흥활동에 앞서 생물, 화학, 지리 등 다양한 과목을 넘나드는 지식이 학생들에게 요구될 것이다. 이렇게 교육연극은 창의적으로 융합된 교육과정 구성에 적합한 방식으로 기여할 수 있는 것이다.

교육연극은 학교 교육과정을 창의적으로 통합하는데 그 중심 역할을 할 수 있다(Somers, 1994). 쏘머스(Somers)는 교육연극이 교과목 간의 절충적 성향과 조절 가능한 프레임(틀)을 가지고 있기 때문에 교육과정 내의 분리된 영역들을 한 곳으로 묶는데 유용하다고 하였다. 앞서 언급한 미세먼지 이슈에 관한 즉흥극 만들기를 예로 들면, 학생들은 교육연극 활동을 즐기는 동안 자연 보호와 환경 보존에 관한 이슈, 환경 관련 현행법 등에 대해 학습할 기회를 가지게 된다. 다시 말해, (예비)교사들은 교육연극의 도입으로 인해 다각적 학습이 가능한 창의 융합적인 수업을 학생들에게 제공할 수 있는 것이다. 학생들은 반드시 정답을 말해야 한다는 강박에서 벗어나 교육연극이 제공하는 안전하고 허용적인 분위기 속에서 그들이 탐구하는 지식을 바탕으로 자신이 특별히 관심을 가진 주제를 깊이 탐구하는 기회를 가지게 된다. 이로 인해 새로운 교육과정이 원하는 창의·융합형 인재로 육성될 수 있다. 교사들 또한 학생들에게 정답으로 가는 길을 제공해주는 것보다는 해답으로 가도록 활동의 방향을 유도하며, 학생들이 이슈에 관한 문제를 스스로 해결할 수 있도록 도움을 주어야 한다.

또한 교육연극은 심미적 감성 역량의 함양에 도움을 줄 수 있다. 2015 개정 교육과정이 추구하는 심미적 감성 역량은 '인간에 대한 공감적 이해와 문화적 감수성을 바탕으로 삶의 의미와 가치를 발견하고 향유하는 역량'이다. 교육연극은 인간의 삶과 밀접하게 관련된 주제를 가지고 프로그램을 진행하는 경우가 대부분이다. 그렇기에 인간에 대한 공감적 이해와 인간의 삶의 의미와 가치를 발견하는 데 유용한 학문 분야인 것이다. 독자 여러분들은 대부분의 예술분야가 예술적, 심미적 감성 발달에 기여할 수 있다고 생각할 것이다. 그러나 예술 분야 중 연극이야말로 사람들로 하여금 카타르시스를 경험하게 하고, 인간의 삶과 가치에 관해 생각해 보는 계기를 만들 수 있고, 다양한 관점에서 인간의 삶을 들여다볼 수 있기 때문이다. 그러므로 학생들은 연극을 통해 '인간에 대한 공감적 이해와 문화적 감수성을 바탕으로 삶의 의미와 가치를 발견하고 향유'할 줄 아는 인재로 육성될 수 있다.

뿐만 아니라, 교육연극은 '탐색의 예술'이라 할 수 있는데 학생들이 그들에게 제공된 연극사건을 예술적으로 가치가 있다고 받아들이게 되는 과정으로 해석할 수 있다(최지영, 2016). 이 과정은 "구성주의 이론과 긴밀하게 연결되어 있으며, 의미는 단순히 발견되는 것이 아니라, 참여자들이 스스로 찾아내서 실제 삶의 경험에 직면할 수 있을 때에만 획득되는" 것이다(Greene, 2001: p. x). 학생들이 체험할 연극사건의 소재 혹은 이야기를 선택하는 것으로부터 일상이 예술로 되어가는 과정의 시작이라고 할 수 있는 것이다. 이후, 학생들은 연극사건이라는 구조 속에서 다양한 관점으로 그 사건을 바라보고 반응해나가는 극적 체험의 과정을 경험하게 된다. 특히, 이 과정은 자발적 학습이 일어날 수밖에 없으며, 동시에 학생들이 특정한 방식으로 이 과정에 빠져드는 심미적 체험과정인 것이다.

즉, 교육연극은 심미적 체험과정을 수반하게 되는 것이다. 그리고 이러한 경험은 존 듀이(John Dewey)가 언급한 직접성(immediacy)을 강조하는 '경험'의 개념과 연계되는 것으로서, "체험된 경험이며, 그것은 요소로서 분리되어 수용되는 수동적 감각경험이 아니라 전체적인 경험"인 것이다(김연희, 2012: p. 52). 실제로 학생들은 교육연극이 진행되는 과정 안에서 인물들에게 질문을 하기도 하고, 논의를 하기도 한다. 그들은 예술작품을 창조하고 있다는 인식을 하기보다는 주어진 환경에 그때그때 적응을 하고 있는 것이다. 그러나 이러한 과정들이 모여 '하나의 경험'으로 완성되는 것이며, 그 경험이 곧 예술행위가 되는 것이다. 일상적이고 개인적인 문제로부터 연극은 시작되었지만, '지금, 그리고 여기(now and here)'라는 연극사건 그 자체의 존재로 인해 일상적 맥락을 벗어나, 공연 그 자체가 되는 미적 경험을 학생들은 체험하게 되는 것이다(최지영, 2016). 이를 통해 학생들은 연극사건 속 인물과 상황에 대한 심미적 감성 역량을 더욱 함양할 수 있는 것이다.

교육연극은 타인과의 의사소통 역량 함양에 도움을 주고 있다. 학생들은 그룹 안에서 교육연극 활동을 하며 협동적으로 의사를 결정하는 능력을 향상할 수 있다(McGregor et al., 1980). 맥그리거 등(McGregor et al.)에 따르면 교육연극을 통해 향상되는 사회적 관계는 협동적으로 의사 결정능력을 향상하도록 도모하는 다른 교수학습 방법보다 특별하다고 밝히고 있다. 그 이유는 드라마는 근본적으로 즉각적이며 상징적인 진짜 사람 간의 관계, 그들이 연기하는 역할, 그들의 개인적 성향, 느낌, 생각 그리고 그 개인적 상황에 그 중점을 두고 있기 때문이다(McGregor et al., 1980). 그렇기에 더욱이 교육연극 프로그램을 진행함에 있어 정형화되고 고착화된 하나의 정답은 있을 수 없다. 반면, 소그룹 안에서 학생들은 학우들과 함께 자유롭게 토의하고 탐구하며 그들만의 정답(혹은 해답)을 만들어 갈 수 있다.

크고 작은 그룹에서의 의사소통은 앞서 언급되었듯이 교육연극 활동에 필수적으로 수반되는 활동의 한 부분이다. 드라마 속 상황에는 인물들 간에 조정이 필요한 작고 큰 수많은 갈등이 있다. 이러한 갈등 상황은 분명 가상의 상징적 상황에서 이루어지지만 그 가상의 상황은 현실을 닮은 것이기에 현실의 상황에서도 적용될 법한 갈등 해결을 요한다. 그렇기에 드라마 안에서 학생들은 현실에서도 적용할 수 있는 해결을 염두한 상태에서 논의하게 되고 결국 이러한 드라마 안에서의 경험은 현실의 의사 결정능력 향상에 기여할 수 있게 되는 것이다. 그러므로 학생들은 드라마 활동 중에 가상의 다양한 상황에서 자신의 생각과 감정을 표현하고 다른 의견을 가진 사람들과도 효과적으로 소통하며 의사소통 능력을 향상시킬 수 있다.

또한 교육연극은 공동체 역량 강화에 도움을 주고 있다. 연극은 공동 작업이다. 연극이라는 예술 자체가 혼자서는 할 수 없는 작업이다. 혼자 생각하고 답을 구하는 활동이 아니고 누군가의 도움 없이 혼자 준비해서 보여줄 수 있는 형태가 아니다. 여러 사람과 어울려서 여러 가지 요소들을 사용하여 종합적으로 이루어지는 공동의 작업이며, 조화를 이루는 작업이다. 교육연극 또한 참여자들의 공동체 의식을 바탕으로 자발적으로 참여하고 협력하여야만 교육목표를 달성할 수 있다. 교육연극은 참여자들이 연극적 작업을 통해 함께 생각하고, 행동하며 자신과 타인의 정체성이 조화를 이루며 배우는 과정으로 본래가 '사회적'이라 할 수 있으며 이러한 작업은 개인의 대인관계를 원활하게 할 수 있는 원동력이 된다. 이와 같이 교육연극은 참여자들이 함께 공동으로 작업을 하는 가운데 정신의 정화 작용과 창조하는 즐거움을 맛볼 수 있고, 각자의 경험을 소중히 여기면서도 같이 생활을 영위하는 방법을 배우게 된다. 또한 이러한 교류를 통해 다른 사람의 생각과 도움을 자신의 것처럼 소중히 여기게 되며, 자존감의 긍정적 향상에 큰 도움을 준다.

따라서 교육연극은 함께 더불어 사는 공동체적 삶에 대해 배울 수 있는 기회를 제공한다. 와그너(Wagner)에 따르면, 드라마는 학급문화의 바른 향상에 기여할 수 있다고 하였다(Wagner, 1999). 왜냐하면 드라마 활동은 모든 공동체의 구성원이 서로 협력하며 적극적으로 참여하고 응답하는 것을 독려하기 때문이다. 구성원 모두는 드라마가 진행되도록 협심하여 서로 돕고 각자의 생각을 나누어야 하고 다른 사람이 하는 말의 의미를 이해하려고 노력해야 한다(Wagner, 1999). 다시 말해 교육연극을 통해 학생들은 학급 공동체 구성원으로서 서로 협동하고 적극적으로 참여하며 상대방을 이해하려 노력해야 하는 공동체적 삶에 대해 배울 기회를 갖게 된다. 또한 드라마는 능력 차가 있는 학급에서 사회적 학습을 가능하게 해 주며 학생들이 '할 수 있다'는 긍정적인 사고를 할 수 있고, 스스로가 자신의 목소리를 낼 수 있도록 돕는다(Dickinson & Neelands, 2006). 연극은 한 공동체의 구성원으로서의 가치와 태도를 습득하고 공동체의 문제 해결에 적극적인 참여를 촉발하는 훌륭한 교수학습방법이 될 수 있다.

최윤정(1995)과 임경란(2005)은 교육연극이 교육의 매체로 사용될 때 다음과 같은 교육적 기능과 효과를 기대할 수 있다고 한다.

첫째, 교육연극은 학생들에게 연극을 교육하는 기능이 있다. 즉, 학생들은 연극작업에 참여하여 연극적 경험을 겪음으로써 연극에 대한 예술적 이해력을 습득하는 효과를 얻는다. 둘째, 교육연극은 학생들에게 사회화 활동을 교육하는 교육 매체로서의 기능을 수행한다. 즉, 그들은 연극적 경험을 통하여 기존 행동의 변화를 겪음으로써 언어 능력, 의사소통 능력, 인성 개발, 문제 해결력, 도덕성 함양 등 사회화 교육의 효과를 얻는다. 셋째, 교육연극은 학생들에게 교과 내용을 교육하는 학습도구의 기능이 있다. 즉, 그들은 연극 활동을 통하여 학습동기를 유발시킴으로써 학습능력을 향상시키는 효과를 얻는다. 넷째, 교육연극은 학생들에게 개인적·집단적 카타르시스를 얻는 치료기제의 기능이 있다. 즉, 교육연극은 연극을 심리치료 기계로 사용하여 상담 기법과 치료 방법으로 적용해 효과를 얻는다(임경란, 2005). 교육연극은 연극을 경험하는 과정에서 생기는 교육적 효과와 기능을 중시한다.

교육연극은 학교의 수업과정에서 유용하게 활용될 수 있는 가능성이 많은 교육방법의 하나이고, 또한 다양한 여러 교과목의 통합적용에 의한 학습 효과를 기대할 수 있으며, 교육과 연관시켜서 하는 연극 활동이 조화롭고 바람직한 인간상을 추구할 수 있다고 본다. 뿐만 아니라 학생들의 발달과 성장에 중요한 사회 인지적 기술을 익히고 발전시키는 데도 중요한 역할을 하여 개인의 자존감과 대인관계발달에도 지대한 영향을 미칠 수 있다고 판단된다.

교육연극은 비록 학생들의 연극적 기술이 부족하고 예술로서 작품적 가치가 없다고 해도, 본질적으로 창작과정이며 학생들의 연기 수준과 상관없이 가치가 있는 것이다(안치운, 1999). 아울러 교육연극은 교사와 학생의 연극적인 즉흥성이 필요한 활동으로 학습자의 내적 자극뿐만 아니라 외적 행동을 표현해 내도록 유도한다. 때문에 학습자들은 교육연극 활동을 통하여 상상력을 도모하고 미적 감각을 가질 수 있으며 그것을 긍정적인 방향으로 표현할 수 있게 된다(장한복, 2000). 또한 이러한 미적 감각의 발달은 개인의 자존감 향상과 대인관계 기술에 긍정적인 영향을 미칠 것으로 예상된다.

교육연극에서는 학생들 각자가 표상한 내용을 서로 대화적 방법을 통해 풀어 나감으로써 자신의 느낌이나 상대방에 대한 반응을 표시하게 된다. 그리고 이러한 느낌이나 반응들은 말과 함께 손짓이나 과장된 몸짓, 웃음 등 여러 가지의 표현 방식을 통해 전달될 수 있다. 어떤 경우에는 말을 통해서 나타나는 것이 오히려 적을 수도 있다. 그러므로 인간을 이해하기 위해서는 이와 같은 행동들에 관심을 갖고 이해하려는 노력이 필요하다. 대인관계 훈련의 시작은 다른 사람의 입장이 되어보는 것이며, 그 사람이 느끼는 감정을 실제로 느껴 보는 것이다. 교육연극 수업에 참여한 학생들은 일단 다른 사람과 자신이 다른 생각을 하고 다른 감정을 가질 수 있다는 것을 깨닫게 된다. 그리고 이해하려고 노력하게 된다. 일상생활 속에서는 쉽게 받아들일 수 없는 차이점들이 교육연극의 극중 역할 속에 몰입하는 가운데 자연스럽게 그리고 반감 없이 이용되는 것이다(최지영, 1993). 이 외에도 교육연극의 효과로는 신뢰감의 함양, 집단의 일원으로서 개인의 활동 가능성, 언어 능력 신장, 언어와 동작을 통한 자기 표현력 향상, 타자의 입장 이해 증진, 상상력 개발, 연극적 문학 작품의 이해력 향상, 이야기와 상황연기를 통한 학습 강화 효과, 제한된 환경 속에서의 문제해결 능력 향상, 공동체 활동 체험, 사물의 긍정적인 측면에 대한 학습, 다른 학습형태의 동기 유발, 감수성 개발, 긴장 해소 학습, 비판력과 집중력의 신장 등에 있다고 하였다(최명혜, 2008).

5) 교육연극의 활용 분야

교육연극은 다양한 교육의 장에서 활용되고 있음을 알 수 있는데, 크게 학교 안과 밖으로 구분 지어 생각해볼 수 있다. 우선 교육연극이 학교 내 교과학습에 활용된 사례에서는 국어교육과 관련된 연구들이 다수를 차지한다(김지성·이성은, 2004; 박진아, 2009; 박효선, 2007; 배홍, 2009; 심상교, 2004). 이 연구들은 주로 교육연극을 활용하여 국어교육에서 자기표현력(비언어적, 언어적인 표현)에 관한 교수법을 설계하여 초등학생들을 대상으로 실험한 결과들을 제시하고 있다. 또한 교육연극은 학습자들의 대상에 대한 인식이 확대됨과 동시에 구체화되고 적극적인 사고를 갖게 하며 부정적 시각보다는 긍정적 시각을 갖게 하는 데 도움을 준다(심상교, 2004). 심상교(2004)는 이러한 효과가 교육연극이 근거하고 있는 놀이

적 특성(일탈성, 규칙성, 감각성, 동시대성)에서 기인하는 것으로 설명한다.

또한 교육연극은 외국어교육의 방법으로도 활발히 활용되고 있다. 예를 들어, 독일어 교육에 교육연극을 적용한 결과 학생들의 수업에 대한 흥미 유발, 수업의 만족도와 학습에 있어 행동 표현력이 향상된 것으로 나타났다(박수연, 2005). 그리고 과학교육 분야에서도 개념 학습을 증진시키기 위해 탐색 기반의 과학 교과과정에서 창의적 드라마 전략을 사용하기도 한다(Hendrix, Eick & Shannon, 2012). 뿐만 아니라 초등학교 수업 현장에서 시와 동화교육, 즐거운 생활, 미술 교과에서 교육연극이 활용되었으며(심상교, 2004), 감성중심 환경교육에서도 교육 연극에 대한 관심이 높아지고 있다. 예를 들어, 최혜란(2008)의 연구는 교육연극 을 활용한 감성중심 환경교육 프로그램이 초등학생의 환경소양에 미치는 영향을 밝히고자 하였으며, 정규 교육과정에 따른 일반적인 강의식 교육방법을 실시한 집단과의 비교 검증을 통해 교육연극을 활용한 집단이 학습에 더 긍정적 효과가 있었음을 보여준다.

뿐만 아니라 교육연극은 교과 학습 이외의 다양한 맥락에서도 교육적 방법으로 활용되고 있다. 예를 들어, 초등학생을 대상으로 교육연극을 활용한 편견감소 프로그램이 일반아동의 장애아동에 대한 태도변화에 긍정적인 효과가 있음을 시사한 연구가 있다(김창㮦, 2011). 그리고 교육연극 프로그램을 적용하여 또래관계 형성에 어려움을 가지는 아동들을 대상으로 연구한 결과 아동들의 친사회적 행동을 통한 사회적 능력 향상에도 효과적임을 보여주는 연구도 있었다(정계숙·김미정·김정은, 2002). 그리고 예비교사들의 교육에 관해 교육연극이 활용되었는데, 12주 동안의 교육연극 수업 후 토랜스(Torrance)의 창의성 검사 결과를 통해 학생들은 유창성과 독창성 면에서 점수가 월등히 높아졌음을 보여주었다고 한다(Ozdemir & Cakmak, 2008).

또한 교육연극은 또래 괴롭힘과 학교폭력 예방교육을 위해 활용되고 있다. 버튼(Burton, 2010)은 Acting Against Bullying 프로그램을 만들어 여자 중학생들을 대상으로 포럼연극(Forum Theatre)을 실행한 결과, 여학생들은 연극을 통해 감정이입을 하게 되고 갈등에 관한 해결점을 찾았으며, 연극이 끝나고 난 후에 교사들은 그들의 출석률과 학업 성취도가 높아졌다고 언급하였다. 또한 살라스

(Salas, 2005)는 연극으로 실행되어 또래 괴롭힘의 이야기를 보는 것은 새로운 방식으로 학생들이 그들과 그들의 또래 경험을 이해하도록 도와준다고 하였다. 이 연구들은 또래 괴롭힘을 당하는 학생들의 이야기를 명백히 묘사하고, 그들의 연극을 통해 연극 속 주인공의 감정을 공감하게 되며, 주인공이 겪고 있는 문제에 대한 해결점을 찾아내는 과정을 다루고 있다.

교육연극은 최근 들어 사회적 쟁점으로 대두되고 있는 다문화교육의 방법으로서도 그 가능성이 탐색되고 있다. 보통 이러한 연구들은 드라마 활동을 통해 다문화가정 아동들이 학교에서 부딪히게 되는 어려움을 직접 느껴보고 그에 대한 해결 방안들을 생각해 봄으로써 다문화 아동에 대한 일반 아동의 인식 변화를 목표로 삼는다(김서현, 2011; 김은영, 2011; 김지옥, 2011; 송세헌, 2009; 정은숙, 2010). 예를 들어, 김서현(2011)은 아동들이 연극놀이 프로그램 참여 후에 다문화가정 아동에 대한 관계적 거리감과 사회적 거리감이 좁아졌음을 언급하였다. 뿐만 아니라 다문화 학생들을 대상으로 교육연극을 활용한 연구도 있다. 이 연구들은 연극놀이 활동 후 수줍음이 많고 내성적인 다문화가정 아동들이 발표를 하고 싶어 하는 의지를 보이는 등의 변화를 가져왔고(김은영, 2011), 자아존중감과 사회적 지지에 긍정적으로 유의미한 결과를 얻었으며, 정서적 태도보다는 인지적 태도에 큰 변화를 관찰하였다고 한다(송세헌, 2009).

즉, 교육연극은 사회 과목과 다문화 역량강화(multicultural empowerment)에 근본적인 기술을 제공하고, 학생들로부터 공동체 참여, 협동, 협력, 문제해결, 의사 결정의 기술 등을 실천할 것을 요구하며, 민족과 문화적 다양성을 교수하기 위해 사용될 경우, 고도로 복잡하고 잠재적인 쟁점들을 깊이 있게 조사할 수 있는 안전한 장(safe arena)을 공급해 준다고 보고하였다(Gay & Hanley, 1999). 또한 드라마는 문화 간 교육의 주된 요소인 다른 문화들을 향한 적절한 지식과 태도 습득에 있어 중요한 역할을 하며, 외부로부터 자신의 행동과 가치를 볼 수 있게 해주기 때문에 자신의 문화 양식의 중심으로부터 탈피(decentering)하게 된다(Fleming, 2006; Heathcote & Bolton, 1998). 그리하여 문화 간 차이에 대해 인정을 하고 존중을 하게 되며, 타자성을 경험하고, 그 경험들을 분석하여 문화 간 인식의 증대(Piazzoli, 2010)를 가지고 올 수 있다. 위의 선행연구들을 종합하면

국내에서는 교육연극이 교과와 연계되어 대부분 국어교육에서 연구되어 왔으며, 교과과정 밖에서는 인성교육 특히 또래 괴롭힘, 다문화 인식 재고 및 문화 간 증진을 위해 연구되어 왔음을 알 수 있다.

학교 밖의 사회 교육으로써 교육연극은 1990년대부터 일부 극단이나 단체, 동호인 혹은 교사 모임 등에 의해 간헐적으로 크고 작은 교육연극 프로그램들로서 병원, 노인시설, 교도소 등에서 제작, 실행된 바 있다. 이 작업들은 편견과 선입견, 환경문제, 인종차별문제, 따돌림 문제, 폭력, 성(性) 문제 등 사회적 쟁점에 대해 참여자들과 연극을 통해 긴밀한 소통을 나눔으로써 보다 넓고 깊은 이해와 관점을 배양하도록 돕는다. 예를 들어, 2011년 국제 어린이 구호단체인 세이브 더 칠드런(Save the Children)이 교육연극 극단 사다리와 함께 만든 다문화 이해 아동극, '엄마가 모르는 친구'는 평범한 소녀인 주인공 시내가 자신과 다른 사람을 만나 용기 있게 '다름'을 받아들이고 자신의 마음과 마주한다는 스토리를 다루고 있다. 이 연극은 미국에서 실제 있었던 흑인 차별 사건 '로자 파크스' 이야기를 연극으로 만들었으며, '차별이 나쁘다는 것은 알지만, 차별당하는 친구를 위해 직접 나서지는 못했다'는 아이들의 고백이 연극 속 대사와 행동으로 이어졌다고 한다(세이브 더 칠드런, 2011).

다문화에 대한 인식 재고를 위해 구로문화재단과 교육연극 극단 마실에 의해 공연된 '사달수드'는 다문화 가정 자녀들과 한국 가정 아이들을 대상으로 진행되었던 연극놀이 워크숍이다. 이 워크숍은 관객 모두가 지구로부터 610광년 떨어진 별인 사달수드로 함께 여행하고 체험하며, 이질적인 환경을 지닌 사달수드에서 문제를 일으켜 추방 위기에 놓인 주인공 소은이의 이야기를 풀어나갔다. 관객들은 시민법정의 배심원으로 참가해 소은이를 추방할 것인지, 사달수드에 머물게 할 것인지에 대해 토론의 시간을 가졌다고 한다. 이 워크숍은 다문화 가정을 타자의 문제로만 보지 않고, 관객 스스로가 주체가 되어 다문화 문제를 짚어 본다는 점에서 의의가 있었다(서울신문, 2011). 이 외에도 전국교사연극모임, 서울교대 교육연극학과 모임, 한국예술종합학교 T.I.E 프로젝트 팀 등의 크고 작은 단체들을 중심으로 외국 노동자 인권이나 청소년 왕따 등 다양한 소재로 워크숍 형태의 소규모 작업들이 실행되고 있다. 또한, 외국인 노동자들의 인권, 결혼이주여성들의 애환, 다문화 인식 재고 등 다문화를 소재로 한 연극 작품이 늘어나고 있으며, 결혼이주여성들과 중도입국자녀들이 공연하는 연극, 뮤지컬 등도 있다.

　　다문화 교육뿐만 아니라 최근에는 2015 개정 교육과정과 연계하여 교사들을 위한 교육연극 활동이 늘어가고 있는 모습을 확인할 수 있다. 지방의 각 교육지원청의 특색사업으로 교원 역량강화를 위해 교육연극 워크숍이 운영되고 있는데, 여기에는 교육연극 전문가와 함께 교육연극 기반으로 수업과정을 설계하고 이를 바탕으로 교사가 실행해보는 협력학습 등이 구성되어 있다.

교사를 위한 교육연극의 이론과 실천

PART 02

교육연극의
실제 사례 연구

교육연극의 실제 사례 연구

1 다문화교육에서 또래관계 변화를 위한 교육연극[1]

1) 사례의 맥락

본 절에서는 다문화교육에서 교육연극이 어떻게 활용될 수 있는지 한 사례를 통해 살펴보고자 한다. 이 사례는 필자의 직접 경험을 바탕으로 하고 있으며, 당시 필자는 박사과정에 재학 중이었고, 동시에 달빛 초등학교(가칭)에 재직 중이었다. 필자는 2012년 10월부터 2015년 8월까지 서울시에 소재하고 있는 달빛 초등학교와 달빛 중학교(가칭)에 연극과목 교사였다. 필자는 연극수업을 진행하면서 수업시간 혹은 쉬는 시간에 다문화 학생들 간에 또래관계가 제대로 형성되지 못한 학생들, 학생들로부터 놀림을 받아 상처를 받는 학생들을 발견하게 되었다.

---

1) 본 사례는 2015년 필자의 박사논문을 재구성한 것임을 밝힙니다.

그리하여 필자는 학생들을 관찰하면서 자연스럽게 다문화 학생들 간의 상호작용에 관심을 가지게 되었다. 필자는 2013년부터 달빛 중학교(가칭) 학생들과 연극 수업을 진행하고 1년 동안 학생들의 또래집단과 또래들 간의 상호작용을 관찰하며 이후 그들과 라포(rapport)를 형성하였다.

필자는 선행연구 분석을 통해 청소년기 학생들의 또래관계 특성, 또래관계에 영향을 미치는 요인 등을 파악하였으며, 특히 다문화 학생들 간의 또래관계 특성을 파악하고자 하였다. 국내 다문화 학생들 간의 또래관계 특성을 연구한 연구물들이 미비했기 때문에, 필자는 예비연구로서 2013년 1년간 달빛 중학교 연극 수업을 통해 학생들 간의 또래관계 특성을 파악하였다. 또래관계 특성 중 가장 주목할 만한 것은 그들 간의 또래관계가 다양화되어 있지 못하고 특정 또래들에 대한 반감과 언어적 공격이 있었으며, 또래 간 갈등 상황을 제대로 해결하지 못하는 등의 문제점들이 수면 위로 드러났다는 것이다. 그래서 필자는 이러한 문제점들의 해결을 교육연극을 통해 시도하고자 하였다. 이를 위해 교실의 물리·심리적 환경, 학습자의 연령, 학습유형 등을 고려하여 교육연극 중 어떠한 방법론이 다문화 학생들에게 적절한지 고민을 하여 교육연극을 활용한 또래관계 개선 프로그램을 계획, 실행하였다.

필자는 당시 연구자였으며 동시에 교사였다. 연구자의 입장에서 연구의 실행과정과 분석에 있어 객관성을 유지하려고 하였지만, 실제 교실상황에서는 연극과목 교사로서 학급 분위기와 또래 관계에 영향을 줄 수 있는 사건이나 인물에게 적극적인 개입을 하였다. 또한 교육연극을 활용하여 나타난 또래관계 개선 프로그램의 긍정적인 결과뿐 아니라, 실패에 영향을 준 요인을 탐색하고 분석하는 데 주안점을 두어 진행하였다.

필자는 독자들이 본 사례의 이해가 깊어질 수 있도록 달빛 중학교에 대한 소개를 먼저 하고자 한다. 달빛 중학교는 서울시 구로구에 소재해 있으며 2011년 달빛 유치원, 초등학교, 달빛 예비반이 설립된 이후 설립되었다. 이 학교는 2012년에 정식으로 서울시 교육청과 위탁협약을 맺었다. 달빛 예비반은 초등교육 위탁반이며, 교육과정은 한국어 수업 위주로 되어 있다. 예비반 학생들 중에는 원적학교를 두고 예비반에서 수업을 받는 학생이 있는 반면 학적을 만들기가 힘든 학생들의 경우 다문화센터로부터 원적 만드는 도움을 받아 예비반에서 위탁 수업을 받게 된다. 달빛 학교는 통학버스를 제공하고 있는데, 통학버스 사용의 주 대상자는 초등학생들이지만 중학생들도 사용하고 있다.

달빛 학교는 6층의 일반 건물을 개조하여 학교로 사용하고 있다. 학교 건물 옆에는 옛 철길과 더불어 아파트가 근접해 있다. 건물의 지하 1층에는 도서관이 자리해 있고 1층에는 어린이집과 중등교실, 예비반 교실이 있으며 외부에는 주차장이 있다. 2층에는 교무행정실과 1학년부터 4학년이 사용하는 교실이 있고 3층에는 5, 6학년 교실과 보건실, 과학실, 다중 언어실 등 특별실이 있으며 4층에는 강당과 급식실이 있다. 5층은 달빛 법인재단 이사장실과 함께 지붕이 덮인 잔디 운동장이 있다.

달빛 중학교는 서울시교육청 지정 위탁형 대안학교로 본교에 재학 중인 학생들은 일반 중학교에 소속되어 있다. 이 중학교는 다문화 학생들, 즉 이주결혼 여성의 자녀, 중도입국자 자녀, 외국인근로자 자녀, 그리고 다문화 교육을 원하는 한국학생들을 위해 전액 무료로 운영되고 있다. 전 학년 모두 한 개 반에 소속되어 있으며 담임교사가 미술 과목을 가르치면서 학생들의 생활 상담 및 지도를 맡고 있다. 교과는 국어, 영어, 영어회화, 수학, 사회(역사), 과학 등의 일반교과와 댄스, 연극, 독서, 미술 등의 대안교과가 있다. 교사들의 교육방침에서 비롯되어 수업 중 과제수행을 위해서는 학생들이 모국어를 사용할 수 있도록 허용하고 있으며 다양한 문화에 대한 이해와 존중의식을 생활지도에 적용하고 있다. 달빛 중학교는 교과 학습 이외에 체육대회, 직업체험, 체험학습, 문화캠프 등 다양한 교육 프로그램을 제공하고 있다.

2014년도부터는 이전 연도와 달리 추가된 사항이 있다. 그것은 메타 주간과 동아리 활동(CA)이다. 메타 주간은 한 학기에 한 번 일주일 동안 특정한 주제를 설정하여 모든 교과목이 그 주제와 관련지어 수업을 진행해 나가는 것이다. 주제는 중학교 교사 전체 회의를 통해 정해진다. 또한 학생들의 재능 발굴을 위해 영화감상, 독서, 댄스, 미술부 등 이전에는 없었던 동아리 활동(CA)이 진행된다. 동아리는 학생들의 적성, 흥미를 고려하여 선정되었으며, 모든 학생들은 동아리에 의무적으로 참여해야 하고, 학급회의를 통해 어느 동아리에 참여할지 결정한다.

달빛 학교의 수업 평가는 다음과 같은 방식으로 이루어지고 있다. 우선 일반 교과에 대한 평가는 지필평가(40%)와 수행평가(60%)로 이루어지는데, 지필평가는 학기별로 1회 실시하며 주관식, 객관식 혼합형이다. 수행평가는 출석(20%), 학습태도(20%), 쪽지시험(20%)으로 구성되어 있으며, 이 중 쪽지시험은 학기 중 2회에 걸쳐 실시한다. 다음으로 대안교과의 경우 실기평가(50%)와 수행평가(50%)로 이루어지며, 수행평가에는 출석, 학습태도, 배움일지 등으로 구성되어 있다. 일반 교과와 대안 교과의 수행평가는 수업시간과 쉬는 시간을 사용해 시행되고 있다.

필자가 연극과목 교사로 재직했던 달빛 중학교의 다문화 학생들은 총 18명이었으며, 여학생은 10명, 남학생은 8명이다. 이 중에서 3명의 학생이 일반학교로 전학을 갔고, 학생 중에는 개인적인 사정으로 인해 마지막 수업까지 참여하지 못한 학생들이 있어 학생 수의 변동이 있었다. 마지막까지 연구에 참여한 학생들의 수는 총 12명으로, 여학생 6명, 남학생 6명이다. 학생들의 나이와 학년은 각기 다르며, 언어 능력 수준 또한 다르다. 여기서 언어 능력이 우수한 학생이라 함은 의사소통 및 한글구사 능력이 우수한 학생을 뜻한다. 반면 의사소통을 하는 데 지장은 없지만 한글 쓰기가 원활하지 않은 학생들은 회화 우수 학생으로 표기했으며, 그 외 학생들은 일상적 회화는 가능하나 모르는 단어와 문장들이 있고 문어체나 텍스트를 회화보다 어려워하는 학생들이다. 연구에 참여한 학생들의 정보는 <표 1>과 같으며, 학생들의 이름은 가명으로 표기하였다.

본 연구에서 수집된 자료는 필자의 현장노트, 학생들의 성찰일지, 오디오와 비디오 자료, 설문지, 학습활동자료였다. 수집된 자료들 중 본 연구에 기여를 많이 한 순서대로 각각의 자료들이 어떻게 수집되고 기록되었는지 기술하였다.

첫째로 필자는 프로그램 실행 중 일어난 모든 객관적인 사실과 주관적으로 느낀 점을 구분하여 현장노트에 기록하였다. 현장노트에는 수업시간과 쉬는 시간에 학생들과의 상담에서 오고 갔던 대화가 기록되어 있으며, 교사와의 면담 내용도 현장노트에 기록되어 있다. 그리고 필자는 학급에서 학생들이 앉는 자리가 또래관계에 영향을 미칠 수 있을 것이라 판단을 하여 현장노트에 학생들의 자리를 표로 기록해 두었다. 또한 필자는 수업내용과 관계가 없더라도 학생들이 주고받

| 표 1 | 연구 참여 학생

순	이름	학년 (나이)	국적 (출신국)	국적 부	국적 모	언어 능력	특이사항
1	소담	3(16)	한국 (가나)	한국	가나	우수	
2	혜은	2(16)	우즈베키스탄	한국	우즈베키스탄		
3	순미	2(15)	중국	중국	중국		달빛 예비반
4	민아	2(16)	한국 (필리핀)	한국	필리핀	회화 우수	달빛 초 졸업
5	태철	2(17)	베트남	한국	베트남		재혼-입양 달빛 예비반
6	호련	3(17)	한국 (중국)	중국	조선족	우수	아빠와 생활 4월 1주 전학 감
7	죠앤	3(16)	한국 (방글라데시)	한국	한국	우수	입양
8	건석	2(16)	중국	한국	중국		달빛 초 졸업
9	채현	3(17)	베트남	한국	베트남		재혼-입양
10	앤디	2(16)	우즈베키스탄	한국	우즈베키스탄		재혼 달빛 예비반
11	영은	2(16)	중국	한국	중국	우수	개인사정으로 5월 3주 전학 감
12	선우	3(16)	한국 (중국)	한국	중국		
13	지희	1(15)	베트남	한국	베트남		달빛 예비반
14	현진	2(15)	베트남	한국	베트남		
15	장명	1(15)	중국	중국	새터민		달빛 예비반
16	홍림	2(16)	중국	중국	중국		4월 2주 전학 옴 5월 3주 전학 감
17	위곤	3(17)	중국	중국	중국		5월 2주 전학 옴 6월 3주 전학 감
18	신걸	3(16)	중국	중국	조선족		7월 2주 전학 옴

았던 일상적인 대화들도 기록하였다. 필자는 연극수업의 교사로 임하였기 때문에, 프로그램 실행 중에 일어나고 있는 모든 것들을 체계적으로 기록할 수는 없었다. 하지만 쉬는 시간과 학생들이 성찰일지를 작성하는 순간에 필자는 학급에서 일어나는 일들을 메모하였다가 연극수업이 끝난 후 즉시 재기록하여 최대한 체계적으로 문서화 하려고 노력하였다. 또한 필자는 학교에 도착하는 순간부터 수업 시작 전, 중, 후로 나누어 기록하였으며, 수업 중에는 쉬는 시간과 교시별로 나누어 기록하였다. 현장노트는 한글파일로 작성되었으며 글자 수는 27,424자, 쪽수로는 22쪽 분량이다.

둘째, 성찰일지는 3회 수업부터 수업의 마무리 단계에 참여한 학생들이 작성하도록 하였다. 학생들이 작성한 성찰일지는 그들이 수업 시간에 배운 것을 정리하고 스스로 생각과 행동을 반성할 수 있도록 해 주었다. 필자는 조그만 노트를 준비하여 매 수업마다 학생들에게 성찰일지를 작성하도록 한 뒤 노트를 회수하여 수업시간에 학생들이 어떠한 것을 느끼고 반성하였는지 알 수 있었다. 이것은 학생들 자신의 성찰뿐 아니라 필자가 프로그램의 실행 과정을 성찰할 수 있도록 기여하였으며, 프로그램을 평가하는 데 효과적이었다. 매 수업마다 필자는 학생들에게 다양한 방식의 질문을 주어 성찰일지를 쓰도록 하였으며, 때로는 학생들이 그들의 생각을 자유롭게 작성하기도 하였다.

셋째, 학생들의 면담내용과 수업 실황은 녹음기를 통해 녹음되었다. 또한 필자는 캠코더를 설치하여 수업 실황을 녹화하였다. 필자는 녹음내용을 들리는 그대로 한글파일에 전사하였으며, 글자 수는 97,109자, 쪽수로는 87쪽이었다. 교실에서 수업할 경우 녹음기는 교탁 위에 두었으며, 복도에서 수업할 때는 학생들의 목소리가 잘 들리도록 녹음기를 학생들 근처에 두었다. 또한 캠코더는 수업 시작되기 전 교실 뒤에 설치하였으며, 구체적인 위치는 담임교사와의 상의 하에 정해졌다. 복도에서 수업이 진행된 경우에는 학생들의 모습이 잘 보이는 곳에 설치하여 녹화했다. 수업시간뿐 아니라 쉬는 시간에도 녹음과 녹화를 하여 학생들의 일상적인 또래관계를 알아볼 수 있도록 하였다. 비디오 자료는 MP4 비디오이며, 용량은 98.963GB이다.

넷째, 설문지는 7월 22일 수업에 참여한 12명의 학생들에게 제공, 설문을 받은 뒤 7월 30일에 수거하였으며, 당일 개인적인 사정으로 수업에 결석한 학생들은 추후 2학기 첫 수업일인 8월 28일 설문자료에 응답하여 총 15부가 수집되었다.

설문자료는 크게 두 부분으로 구성되어 있다. 다문화 학생들의 친구관계 질을 측정하기 위해 기존의 설문지를 수정한 부분, 그리고 본 프로그램 평가를 위해 필자가 작성한 부분이 그것이다. 설문문항은 총 33문항이며 이 중 서술형 문항은 6문항이다. 친구관계의 질을 측정하기 위해 맨델슨(Mendelson)과 어바우드(Aboud, 1999)가 고안한 McGill 우정 설문지(McGill Friendship Questionnaire)를 바탕으로 하되, 필자는 항목별 18개의 문항으로 축소하였다. 친구관계의 질을 측정하는 항목은 친구에 대한 애정과 만족도, 그리고 응답자가 생각하는 친구의 기능이다. 필자는 전자의 항목을 6문항, 4점 척도로, 후자의 항목을 12문항, 5점 척도로 수정하였다. 학생들의 한국어 수준을 고려하여 학생들이 이해하기 쉬운 문항들로 설문자료를 구성하였다. 프로그램 평가를 위한 문항으로는 총 15문항을 만들었으며, 이에는 또래관계의 다양화, 또래들 간의 장난과 괴롭힘의 횟수, 거부감을 가졌던 또래가 있는지 프로그램 실행 전과 후로 나누어 질문하는 9개의 문항들이 포함되어 있다. 그리고 이 문항들은 4점 척도로 되어 있다. 나머지는 서술형 문항들로 또래 간 문제 상황이 발생할 경우 문제해결방식을 묻는 문항, 수업시간에 진행되었던 활동 중 어떠한 활동이 또래관계 개선에 도움이 되었는지 묻는 문항 등이 있다. 또한 본 프로그램을 통해 배운 점을 묻는 문항도 포함되어 있다. 학생들의 언어능력을 고려하여 설문지는 한글과 영문으로 작성하였으며, 학생들의 이해를 돕기 위해 한자도 표기하였다. 설문조사 결과는 엑셀 파일로 만들어 저장하였다.

마지막으로 학습활동자료는 매 수업시간마다 학생들이 작성한 자료들이다. 이 중에는 학생들이 만든 대본을 비롯하여 또래들에 대한 학생들의 생각을 읽을 수 있는 활동자료도 있었다. 또한 본 프로그램의 평가를 위해 또래관계의 변화를 단적으로 보여주는 그림들도 포함되어 있었다. 또한 이러한 자료들은 생동감 있는 학습활동을 표현해 주었다.

액션 리서치의 특성상 프로그램이 실행되는 과정 속에서 필자는 지속적으로 수집된 자료들을 분석하였다. 특히 수집된 자료들이 가지고 있는 특성을 고려하여 자료별로 각각 분류한 뒤 분석하였다.

첫째로 필자의 현장노트와 학생들의 성찰일지를 분석하기 위해 필자는 내용 비교 분석방법(Merriam, 2009)을 참고로 다음과 같이 행하였다. 필자의 관심사를 중심으로 현장노트를 개방코딩 한 후 중심현상의 강도(intensity)와 구체성(specificity)에 따라 세부주제로 분류한 뒤, 세부주제를 명명할 수 있는 주제를 설정하는 것이었다.

비디오 자료를 분석하기 위해 필자는 연구문제와 관련된 것들을 중심에 두고 집중적으로 관찰하는 수렴적 관찰을 했다. 동시에 영상의 전체 장면을 골고루 관찰하는 확산적 관찰을 했는데 그 이유는 학생들의 또래관계에 대해 필자에게 단서가 될 만한 것, 혹은 필자가 보지 못하는 것이 있을 수 있기 때문이다. 이 때문에 수렴적 관찰과 확산적 관찰 두 가지 방법을 동시에 사용하며 분석하였다. 더불어 오디오 자료와 비디오 자료는 상호보완적으로 분석되었는데 비디오 자료를 관찰하면서 들리지 않았던 음성은 전사된 오디오 자료를 통해 확인하는 방법으로 진행되었다. 마찬가지로 전사된 오디오 자료를 관찰하면서 잡음으로 인해 확인되지 못한 부분들은 비디오 자료를 통해 확인할 수 있었다.

마지막으로 설문자료 중 객관식 문항들은 항목별 응답자 점수를 계산하여 필자가 정한 척도를 기준으로 분석되었다. 학생들의 학습활동자료 중 또래관계의 변화를 보여주는 그림은 설문지의 응답내용과 일관성을 갖고 있는지 분석되었으며, 그룹별 학습활동자료들은 학생들이 작성한 성찰일지의 내용과 비교 분석되었다.

수집된 자료들을 분석한 후, 필자는 차시 안에서 학생들의 변화와 전체 프로그램 안에서의 학생들의 변화를 유목화 하였다. 이를 위해 필자는 전체 자료들을 놓고 나선형 자료 분석(Creswell, 2010)을 참고로 거시적 관점에서 분석하였다. 필자는 필자의 현장노트, 학생들의 성찰일지, 오디오와 비디오 자료 등을 반복적으로 읽고 관찰하면서 떠오른 생각, 핵심적인 개념들을 메모하였다. 이후 필자가 본 대로 기술하고, 분류하고, 해석하는 과정에서 범주를 개발하고 시청각적 자료도 범주로 정렬시켰다. 그리고 자료들의 검토와 재검토를 계속 반복하면서 범주를 확장시켰다. 필자는 자료의 해석을 반성하고 확대하였으며, 또래관계와 관련된 자료들을 읽으면서 본 연구와 관련시켜 다른 사람들의 관점을 더하였다. 또한 연구문제들을 상기하며 본 프로그램의 실행이 필자와 학습자에게 어떠한 변화를 가져다주었는지 분석하였으며, 학생들의 또래관계에 어떠한 영향을 미쳤는지 분석하였다.

교육연극을 활용한 다문화 학생들 간 또래관계 개선 프로그램 실행을 위하여 프로그램 준비 단계, 개발 단계, 실행 및 평가 단계로 나누어 연구를 진행하였다. 각 단계별 연구 내용은 다음과 같다.

첫째, 프로그램 개발을 위한 준비 단계이다. 필자는 선행연구 분석에 이어 예비연구로 2013년 1년간 달빛 중학교 다문화 학생들을 대상으로 연극수업시간 전후로 참여 관찰하였다. 필자의 현장노트, 학생들과 담임교사 간의 면담 등의 자료를 토대로 문화기술지 방법에 따라 다문화 학생들의 또래관계 특성과 문제점을 분석하였다.

둘째, 프로그램 개발 단계로서 예비연구에서 드러난 다문화 학생들 간의 또래관계 특성과 문제점들을 바탕으로 교육연극을 활용한 또래관계 개선 프로그램을 개발하였다. 이를 위해 익명의 상태로 교육연극 전문가 2인에게 피드백을 요청했으며 제공받은 내용을 토대로 프로그램을 수정하여 다시 개발하였다.

셋째, 프로그램 실행 단계이다. 이 단계에서는 개발된 또래관계 개선 프로그램을 달빛 중학교 1~3학년 18명의 학생들을 대상으로 적용했다. 본 프로그램의 실행 기간은 2014년 3월 27일부터 7월 30일까지로, 수업은 주 1회씩 총 18회에 걸쳐 진행되었다. 각 수업은 매주 목요일 5−7교시인 오후 1시 20분부터 3시 55분까지 155분씩 소요되었다. 다만 학교 사정에 따라 수업의 요일과 시간이 변경되는 경우도 발생했다. 교육활동에 따라 수업은 중등 교실과 복도에서 진행되었으며, 학생들의 선호에 따라 야외에서 진행되기도 하였다. 1차 프로그램 실행 후 필자의 현장노트, 학생들의 학습활동자료 등의 분석을 통해 개선점을 보완한 뒤 2차 프로그램을 실행했으며, 이러한 계획, 실행, 관찰, 반성의 과정을 거쳐 3차 수업까지 실행하였다.

넷째, 프로그램 평가 단계이다. 이 단계에서는 실행, 관찰, 반성의 과정을 거쳐 3차 수업까지 실행한 후 필자의 현장노트, 학생들의 성찰일지, 설문지, 학습활

동 자료 등의 분석을 통하여 전체 프로그램이 학생들의 또래관계에 어떠한 영향
을 미치는지 분석하였다. 프로그램 진행 절차는 <표 2>와 같다.

| 표 2 | 연구 절차

기간	실행 과정	내용
2013.3. ~2014.2.	프로그램 준비	· 참여관찰, 면담자료를 토대로 학생들의 또래관계 특성 파악
2014.3.1. ~3.26.	1차 프로그램 개발	· 수업자료 준비 · 중학교 교사 전체 회의
2014.3.27. ~4.3.	1차 수업 실행	· 수업 실행, 관찰 · 교사와 학생들 면담, 현장노트 등 작성
2014.4.3. ~4.6.	1차 수업 실행에 대한 반성	· 1차 수업 실행 자료(현장노트, 학습활동자료 등) 분석, 필자의 자기 평가
2014.4.7. ~4.9.	2차 수업 실행 준비	· 수업자료 준비
2014.4.10. ~5.1.	2차 수업 실행	· 수업 실행, 관찰 · 교사와 학생들 면담, 현장노트 등 작성
2014.5.1. ~5.3.	2차 수업 실행에 대한 반성	· 2차 수업 실행 자료(현장노트, 학생들의 성찰일지 등) 분석, 필자의 자기 평가
2014.5.4. ~5.7.	3차 수업 실행 준비	· 수업 자료 준비
2014.5.8. ~7.30.	3차 수업 실행	· 수업 실행, 관찰 · 교사와 학생들 면담, 현장노트 등 작성
2014.7.30. ~8.15.	3차 수업 실행에 대한 반성	· 3차 수업 실행 자료(현장노트, 학생들의 성찰일지 등) 분석 · 필자의 자기 평가
2014.8.16. ~9.29.	자료 분석 및 결과 정리	· 전체 자료 재점검, 분석과 정리, 전문가 의견 수렴, 결과 도출

2) 프로그램 실행 전 단계

교육연극을 활용한 다문화 학생들 간 또래관계 개선 프로그램 개발의 예비연구단계에 대해 설명하기 위해 달빛 중학교 다문화 학생들의 또래관계 특성을 분석하여 그 결과를 기술하고자 한다. 2013년 3월부터 2014년 2월까지 달빛 중학교 연극 수업시간에 21명(여학생: 13명, 남학생: 8명)의 다문화 학생들을 대상으로 진행되었으며 문화기술지(ethnography) 연구방법을 사용하여 학생들의 말과 행동을 중심으로 또래관계 특성을 분석하였다. 수집된 자료들은 필자의 현장노트, 학생들과 담임교사의 면담자료, 사진 및 동영상 자료들이었다. 필자는 학생들이 가진 관심사의 중심이 되는 현상들을 중심으로 개방코딩을 하여 정보의 범주를 만들어내고, 자료에서 패턴화된 규칙(patterned regularities)을 찾아 분석하였다(Wolcott, 1994). 연구윤리를 위해 사전에 학생들의 보호자, 학생들과 학교에 서면으로 참여 동의서를 받았다. 예비연구에 참여한 21명의 학생들 중 액션 리서치인 본 프로그램에 참여한 학생들은 14명이었다.

▲ 2013년 수업 중 학생들의 토의 장면

다문화 학생들 간의 또래관계 특성을 분석한 결과는 다음과 같다. 첫째로 또래관계에 영향을 미치는 요인들이 발견되었다. 그것들은 한국어, 학교생활적응, 특정 사건, 성격, 이성친구 등이다. 학생들이 어느 정도 회화를 하고 학교생활에 적응을 하게 되면 그들의 목소리가 커지며 주도권을 잡게 되는데, 이때 그들 사이의 관심사나 연애 등이 영향을 미치게 된다. 둘째로 학생들 간의 또래관계가 다양하지 못하였다. 특히 여학생들은 남학생들에 비해 또래 그룹의 구분이 확실하며, 소수씩 그룹을 형성하여 친하게 지냈다. 셋째로 학생들은 특정 또래에게 언어적 공격을 하고 특정 학생들에 대한 반감을 가지고 있었다. 마지막으로 문제 상황이 발생할 경우 학생들은 형식적으로 문제를 해결하였다.

위에서 밝혀진 다문화 학생들의 또래관계 특성을 바탕으로 필자는 2013년도 연극수업에서 학생들이 연극수업으로부터 기대하는 활동을 수집했고 그것을 토대로 전체 프로그램을 구성하였다. 필자가 설정한 교육목표는 다음과 같다. 1. 다문화 학생들 간의 또래관계가 다양해질 수 있다. 2. 또래들 간에 문제 상황이 발생할 경우 학생들은 바람직한 해결책들을 제시할 수 있다. 개발된 프로그램의 주요 활동은 학생들 간의 상호작용을 통한 즉흥극, 역할극, 연극 만들기였다. 전체 수업은 학생들의 한국어 능력 수준, 학습사 등을 고려하여 연극놀이−즉흥적 표현−연극적 표현으로 확장될 수 있도록 구성하였다.

교육연극을 활용한 또래관계 개선 프로그램의 구성은 D.I.E(Drama In Education)과 Youth Theatre를 중심으로 되어 있으며, 총 4단계로 계획되었다. 수업의 단계는 연극놀이를 통한 친밀감 형성−문제 상황 해결−이야기 선정−연극 활동으로 구성하였다. 그리고 매 수업의 도입단계에서는 몸 풀기 활동으로 다양한 연극놀이들을 활용하였다.

먼저 친밀감 형성 단계에서는 관계 형성과 연극적 표현을 익히는, 즉 예술로서의 연극을 흥미롭게 알아갈 수 있는 기초수업으로 연극놀이를 활용하여 설계하였다. 학생들이 연극에 대한 흥미나 표현에 대한 자신감이 없다면 프로그램이 이루어지기 힘들기 때문이다.

두 번째 단계에서는 또래 간 갈등 상황이 포함된 서적을 활용하여 D.I.E수업을 설계하였다. 이 단계에서는 학생들이 가상 인물의 역할을 맡아 역할극을 해보고 서적에 내포된 갈등을 해결하도록 수업을 설계하였다. D.I.E수업에서 사용된 서적은 「친구 몰래」, 「별난 친구를 소개합니다」, 「방빛나의 수상한 일기」, 「양파의 왕따 일기1」이며, 이 서적들은 필자가 또래 간 갈등 상황을 잘 보여줄 수 있는 책이라고 판단하여 임의로 선정한 서적들이다.

세 번째와 네 번째 단계는 Youth Theatre를 활용하여 수업을 설계하였다. 세 번째 단계는 친구를 주제로 학생들은 그들의 아이디어를 바탕으로 대본을 만들고 마지막 단계에서 학생들이 직접 연극을 연출하여 연습하고 공연하도록 하였다. 여기서 필자는 play building(Weigler, 2001)의 기법을 참고하여 학생들이 그들의 이야기를 결합하여 연극으로 발전시킬 수 있도록 교육과정을 설계하였다.

이렇게 구성된 프로그램은 교육연극을 전공한 전문가 2인에게 타당도 검증의 단계를 거쳤다. 한 명의 전문가는 한국교육연극학회 이사로 활동하고 있으며 또 다른 전문가는 문화예술교육연구소를 운영하고 있다. 필자는 두 전문가에게 이메일로 본 프로그램을 전송하였고, 전문가들로부터 이메일과 전화로 피드백을 제공받았다. 전문가들로부터 제공받은 피드백은 다음과 같다. 1. 전체 프로그램 중 Youth Theatre의 비중이 크다. 2. 또래관계의 향상을 위해 자신과 타인에 대한 인식과 이해의 초점이 보였으면 한다. 3. 프로그램 평가를 위한 학생들의 설문지 작성 단계 이후 설문 응답의 내용을 바탕으로 조각상 만들기 등의 활동이 첨가되었으면 한다.

제공받은 피드백을 토대로 필자는 계획한 프로그램을 재구성하였다. 재구성된 프로그램은 <표 3>과 같다.

| 표 3 | **교육연극을 활용한 또래관계 개선 프로그램 계획표**

회	단계	주요 계획	준비물
1	친밀감 형성	서로 소개해주기, 연극놀이를 통한 상호 의견 교환	
2		자신의 프로필 작성, 그룹별로 학생들의 캐릭터를 문장으로 만들어 행동과 함께 표현	색도화지
3		오브제를 감상한 뒤, 오브제에 담긴 이야기를 가사로 만들어, 제목을 붙여 움직임과 함께 노래	오브제
4	문제 상황 해결	또래 관계 관련 서적(친구 몰래)을 토대로 주요 장면 선정하여 역할극 만들기 ①	서적

5		또래 관계 관련 서적(별난 친구를 소개합니다)을 토대로 주요 장면 선정하여 역할극 만들기 ②	서적
6		또래 관계 관련 서적(방빛나의 수상한 비밀)을 토대로 주요 장면 선정하여 역할극 만들기 ③	서적
7		또래 관계 관련 서적(양파의 왕따일기 1)을 토대로 주요 장면 선정하여 역할극 만들기 ④	서적
8		또래 간 갈등을 포함하고 있는 실제 사례의 문제를 해결하여 역할극 만들기	
9	이야기 선정	중학교 시절을 주제로 역할극 만들기	
10		두 그룹으로 나누어 친구라는 주제로 이야기의 배경, 내용, 인물 특징을 고려하여 이야기 구체화	
11		연극의 주요 장면 타블로, 인물 분석 및 인터뷰	
12		대본 읽기, 역할의 얼굴 표정 그리기	
13		대본과 유사한 상황의 즉흥극, 음악 선정	
14	연극 활동	장면 연습 ①	음향
15		장면 연습 ②	음향
16		전체 연습 및 연극 발표	음향
17		프로그램 평가를 위한 설문지 작성 또래관계의 변화를 그림으로 나타내기	
18		프로그램의 전후 또래관계를 타블로 표현 프로그램의 느낀 점 조각상 만들기	

교사를 위한 교육연극의 이론과 실천

교육연극을 활용한 또래관계 개선 프로그램의 활동들은 연극놀이에서 역할극, 연극공연까지 다양한 활동을 보여주는 선행연구들(소꿉놀이, 2001; 심상교, 2001; 나무를 심는 사람들, 2002; 구민정·권재원, 2008; 한국문화예술교육진흥원, 2013; 함현경, 2013; Jennings, 1986; Rooyackers, 1997; Rohd, 1998; Neelands & Goode, 2000; Weigler, 2001)을 참고하여 선정하였다. 선정기준은 (1) 또래관계 친밀감 경험, (2) 다문화 학생들의 연령 및 한국어 수준의 적합성, (3) 개인별 또는 경쟁 위주의 활동보다 협동적인 활동, (4) 규칙이 간단하며 활동방법의 수정이 가능한 활동, (5) 수업 장소의 물리적 환경과 학생들 인원 수에 적절한 활동으로 하고, 이를 고려하여 다양한 활동들을 선정하였으며 구성 준거는 <표 4>에 제시하였다.

| 표 4 | 프로그램 구성 준거

회	활동명	구성 근거	회	활동명	구성 근거
1	서로 소개해주기	소꿉놀이 (2001)	8	Circle Dash	Rohd(1998)
	매듭 풀기			실제 사례로 문제 해결	구민정·권재원 (2008)
	당신의 이웃을 사랑하십니까?	나무를 심는 사람들(2002)	9	친구에 관한 즉흥극	Weigler(2001)
2	캐릭터를 통한 몸짓, 대사 표현	한국문화예술교육진흥원 (2013)	10	런닝맨	함현경(2013)
3	오브제를 이용한 노래 만들기	한국문화예술교육진흥원 (2013)		이야기 선정	Weigler(2001)

4	대장 찾기	나무를 심는 사람들(2002)	11	이야기 구체화	
	드라큘라	심상교(2001)		폭탄방패 놀이	심상교(2001)
	메세지 전달하기	Rooyakers (1997)		타블로 (Tableau)	Neelands & Goode(2000)
	서적 활용한 DIE수업	구민정 · 권재원(2008)		인물 분석 및 인터뷰	
5	하늘 닿기	Jennings (1986)	12	대본 읽기	Weigler(2001)
	소외와 환영놀이	심상교 (2001)		인물 구축	
	서적 활용한 DIE 수업	구민정 · 권재원(2008)	13	즉흥극	Weigler(2001)
6	무궁화 꽃이 ***	나무를 심는 사람들(2002)	14	런닝맨	함현경
	타블로 (Tableau)	Neelands & Goode(2000)		장면 연습	Weigler(2001)
	서적 활용한 DIE 수업	구민정 · 권재원(2008)	15	장면 연습	Weigler(2001)
	믿음의 원	Rohd(1998)		음악과 함께 연습	
7	인간 레고	나무를 심는 사람들 (2002)	16	연극 공연	Weigler(2001)
	5분 인터뷰하기		17	설문지 작성	
	인간 도미노		18	타블로 (Tableau)	Neelands & Goode(2000)
	서적 활용한 DIE 수업	구민정 · 권재원(2008)		조각하기	Rohd(1998)

또한 본 프로그램에 사용된 교육연극의 기법들은 연극놀이(dramatic game), 타블로(tableau), 즉흥극, 역할 속 교사(teacher－in－role)이다. 이 기법들에 대한 설명과 근거에 관한 내용은 <표 5>에 제시하였다.

| 표 5 | 프로그램에 사용된 교육연극 기법

기법	내용	근거
연극놀이 (dramatic game)	자신의 행동보다 놀이의 목적에 초점을 두어 자연스럽게 연극적인 표현을 하게 하는 방법이다.	구명옥 (2001)
타블로(tableau)	신체를 이용하여 특정 상황이나 생각, 주제를 구체화하기 위해 정지된 이미지를 만드는 방법이다.	Neelands & Goode (2000)
즉흥극 (improvisation)	사전에 연습을 하지 않고 소정의 규칙만으로 즉흥적으로 이루어지는 연극을 의미한다.	우혜선 (1999)
역할 속 교사 (teacher－in－role)	교사가 특정 역할을 맡아 학생들과 함께 가상의 상황에 들어가 활동에 참여하는 방법이다.	Bolton (1999)

3) 프로그램 실행 단계

(1) 1차 실행

A. 친밀감 형성하기

1차 실행 과정은 학생들 간의 관계 형성과 함께 연극놀이를 통하여 연극적 표현을 익히는 데 목표를 두었다. 그래서 학생들은 연극에 대한 흥미를 갖고 그들이 하는 표현에 자신감을 기르도록 하였다. 특히 새로 전학 온 학생들과 기존에 재학 중이던 학생들과의 친밀감 형성을 목표로 수업이 진행되었다. 1차 프로그램의 개요는 <표 6>과 같다.

| 표 6 | 1차 프로그램 개요

1차 프로그램			
핵심질문	회	활동	시기
너는 누구니? 나는 누구야!	1	1. 서로 소개해주기 2. 자신의 장단점 및 관심사 쓰기 3. 매듭 풀기 4. 3 change 5. 당신의 이웃을 사랑하십니까?	2014.3.27 5－7교시
우리들의 캐릭터는?	2	1. 반 친구들의 캐릭터 정하기 2. 그룹끼리 정해진 캐릭터 바탕으로 몸짓과 대사로 표현 3. 자신의 캐릭터로 명함 만들기	2014.4.3. 5－7교시

첫 수업에서 필자는 이번 학기 수업의 목표를 알려주고 학생들 동의하에 수업의 규칙을 정하였다. 그 규칙들은 교사가 '얼음'이라고 외치면 학생들은 하던 모든 행동과 말을 멈추기, 상대방이 말을 하고 난 후 말하기, 친구에게 욕하거나 때리지 않기였다. 규칙을 어길 시 학생들은 필자로부터 경고를 받게 되고 경고를 2번 받은 학생은 연극 수업 점수가 1점 차감된다고 알려주었다.

'서로 소개해주기' 활동을 시작하려고 할 때, 호련이가 베트남에서 전학 온 두 학생들끼리 서로 소개하도록 하자고 필자에게 제안하였다. 이는 이곳에 모인 다문화 학생들은 그들의 한국어 능력 수준과 모국어 사용 선호도에 따라 어떤 학생들끼리 활동을 하면 수업이 '쉽게' 진행되는지 알고 있음을 반증해 준다.

> 짝을 정해 서로에 대해 소개해주기를 하는데, 호련이가 현진이랑 지희는 베트남어로 서로 얘기하는 게 편하다며 둘이 짝을 하고, 자신은 선생님과 짝을 하겠다고 한다. 그래서 그렇게 하자고 하였다.
>
> (1회 수업 후 필자의 현장노트)

그 후, 필자는 학생들에게 자신이 가진 성격의 장단점과 관심사, 언제 행복한지, 연극 수업에 바라는 점들을 종이에 적게 하였다. 이 활동은 프로그램 설계 단계에서는 포함되지 않았던 활동이지만, 필자는 학생들에 대해 좀 더 알기 위해 실행하였다. 그리고 '매듭 풀기' 게임을 진행하였다. '매듭 풀기' 게임은 두 명의 학생이 마주보고 서서 오른손이 왼손 위로 가게 한 다음 앞사람과 손을 잡고, 만들어진 손의 매듭을 푸는 게임이다. 두 학생들끼리 하는 활동에서 네 명, 여덟 명으로 학생들의 수를 늘려서 활동을 실행하고, 종국에는 필자를 포함한 학급 전체가 다 같이 손을 잡고 매듭을 풀었다.

그리고 '당신의 이웃을 사랑하십니까?'라는 게임을 진행하였다. 이 게임은 참여자가 모두 모여 동그랗게 원을 만든 뒤, 술래가 원 안에 들어가 한 학생에게 다가가서 이웃을 사랑하는지 묻고, 술래로부터 질문을 받은 학생이 그렇다고 대답을 하면 그 학생의 양 옆에 있는 사람들끼리 자리를 바꾸는 것이다. 만약 그 학생이 아니라고 대답을 하게 되면, 술래는 그럼 어떤 이웃을 사랑하는지 묻고, 그 학생이 대답하는 것에 해당되는 사람들끼리 자리를 바꾸는 게임이다. 술래의 목표는 학생들이 자리를 바꿀 때, 그 사이 빈자리를 찾아 원을 이루는 사람 중 한 명으로 들어가는 것이다.

이 게임을 하던 중 새로 전학 온 현진이가 자신의 모국어인 베트남어를 사용해도 되냐고 질문하였다. 이에 다른 학생들은 한국어가 늘어야 한다며 그 학생에게 어떻게 얘기해야 할지 한국어 발음을 천천히 가르쳐 주었다. 이는 한국어를 잘 하지 못하는 학생이 존재할 경우, 학생들은 또래가 스스로 한국말을 잘 할 수 있도록 도움을 주는 모습이었다.

> 현진이가 베트남어로 얘기하면 안 되냐고 하니, 아이들은 현진이에게 한국어(가) 늘어야 한다며 한국말로 하라고 한다. 그러니 현진이가 지희에게 자신이 해야 될 말을 해 달라고 하자, 아이들은 현진이가 직접 해야 한다며 천천히 말을 가르쳐준다.
>
> (1회 수업 후 필자의 현장노트)

수업의 마무리 단계로, 필자는 오늘 수업에 대해 정리하는 시간을 가졌다. 새로 온 학생들에게 수업에 대한 느낀 점을 얘기해보게 하였는데, 현진이가 연극을 못할 것 같다고 얘기하며 걱정을 하고 있었다. 그 모습을 보고 있던 민아가 현진이를 격려해주었다. 이것은 과업 수행에 대해 또래들 간에 자신감을 북돋아주고 격려해 주는 모습이라고 할 수 있다.

> 지금까지 한 수업에 대해 정리하는 시간을 가지며, 각각의 활동을 왜 하고 있는지 얘기하게 하니, 호련이와 죠앤이 열심히 얘기를 하고, 소담이는 앞을 보지 않으며 뒤의 친구들과 수다를 떤다. 새로 온 학생들에게 느낀 점을 얘기해보게 하니, 장명이는 재밌다고 하고, 현진이는 연극 못할 것 같다고 한다. 그래서 아이들에게 현진이가 연극 못할 것 같다고 얘기하는데 어떡하냐고 말하니, 민아가 우리도 못 했다고 하며, 그래도 잘 할 수 있다고 얘기를 해준다. 그래서 작년에 한 연극 동영상 촬영한 거 보여줄까 하고 물어보니 장명이는 일어나서 좋다고 보자고 하고, 다른 아이들은 싫다고 아우성을 친다.
>
> (1회 수업 후 필자의 현장노트)

2회 수업에서는 학생들이 또래들의 캐릭터를 정해주고, 정해진 캐릭터에 대해 대사와 몸짓을 만들어 표현하는 수업을 실행하였다. 필자는 학생들에게 또래들의 캐릭터를 정해주라고 한 뒤, 세 그룹으로 나누어 각 그룹 구성원의 캐릭터를 대사와 몸짓으로 표현하라고 제시하였다. 몇몇 학생들이 캐릭터가 무엇인지 묻자, 다른 학생들이 캐릭터의 뜻을 설명해 주었다. 필자는 다문화 학생들을 대상으로 수업을 진행할 경우, 학생들의 이해를 돕기 위해 학생들의 언어능력 수준을 감안하여 그들이 이해할 수 있는 단어로만 설명을 해주어야겠다는 생각이 들었다. 한편 학생들이 또래들의 캐릭터를 정하는 동안, 건석이는 또래들 모두를 '시민'이라고 종이에 적었다. 이 종이를 본 학생들은 친구에 대해 제대로 알고 적어야 한다고 건석이에게 얘기를 했고, 건석이는 멋쩍어 하였다. 학생들이 또래들의 캐릭터를 정할 때 건석이처럼 대충 정하는 게 아니라, 친구들 하나하나의 개성을 밝혀 캐릭터를 정해야 한다는 것을 이해했다고 볼 수 있었다.

정해진 캐릭터를 바탕으로 몸짓과 대사를 정하여 표현하도록 하였는데, 세 그룹 중 한 그룹의 학생들만 표현을 하였고, 다른 그룹에서는 누가 무슨 행동을 하였는지 그 표현이 불분명하였다. 학생들은 대사와 행동을 포함하여 캐릭터를 표현하는 것이 어렵다고 하였다. 필자는 학생들에게 이 활동이 왜 어려운지 물어보니, 학생들은 캐릭터에는 그 친구들의 장점뿐만 아니라 단점도 있어 그 친구들에 대해 나쁘게 표현하는 것만 같아 불편하다고 하였다. 그리고 학생들은 표현하는 방법이 어렵다며 지난 학기에 실행하였던 즉흥극을 하고 싶다고 하였다. 그 즉흥극은 주어진 상황과 대본에 즉흥적으로 대사를 덧붙이는 것이라 표현하기 쉬웠지만 오늘 실행하였던 캐릭터 표현은 어려웠다고 하였다.

필자는 즉흥적으로 캐릭터를 표현해내는 것이 이 학생들에게 무리임을 지각하게 되었다. 그리하여 몸짓과 대사로 캐릭터를 표현하는 활동은 실패로 돌아갔다. 그리고 필자는 색도화지를 학생들에게 나눠준 뒤, 학생들에게 친구들이 정해준 캐릭터 중 마음에 드는 것을 골라 자신의 명함을 만들라고 하였다. 그리고 필자는 학생들에게 오늘 활동은 실패했지만, 다음 수업에는 활동하기 더 '쉽고 편한' 것을 하자고 하였다.

B. 그저 '노는' 수업보다는 '학습'이 되는 수업으로

필자의 현장노트, 그리고 수업을 녹음하고 촬영한 오디오 자료와 비디오 자료를 분석해본 결과, 학생들은 이 수업을 그저 '노는' 수업으로 지각하고 있었음을 확인하였다. 학생들은 1회 수업에서와 같이 연극놀이 그 자체에만 치중되어 있는 수업을 원하였고, 반면에 수업에서 진행되었던 연극놀이를 왜 하는지 알지 못하였다. 즉, 가각의 연극놀이가 주는 교육적 효과를 학생들은 인지하지 못했다. 따라서 필자는 연극놀이가 주는 재미도 중요하지만, 이런 재미가 학습으로 이어질 수 있도록 수업을 설계해야 할 필요성을 느꼈다. 그리하여 각 수업의 도입단계에서 시행하는 연극놀이들의 비중을 줄이고, 이것이 학습으로 연결되기 위해 또래 간의 갈등을 담고 있는 즉흥극을 3회 수업에 실행하기로 하였다. 또한 3회 수업부터는 성찰일지를 준비하여 학생들이 수업 중 느낀 점과 배운 점을 구별하여 쓰도록 하였다. 이것은 수업활동을 통해 학생들이 무엇을 학습하였는지 인식하기 위함이었다.

또 다른 문제점은 필자가 의도했던 수업의 방향과는 다르게, 2회 수업에서 학생들은 또래들의 캐릭터를 몸짓과 대사로 표현하는 데 어려움을 겪었다.

> 소담이가 (지난 학기 수업에서 실행하였던) '아빠와 딸 즉흥극'은 주어진 대본에 대사를
> 덧붙여 즉흥적으로 하는 것이지만, 이건 갑자기 무언가를 하려고 하니 어떻게 해야 할지
> 모르겠다고 한다. 영은이는 캐릭터가 친구들에 대한 장점도 있지만 단점 같은 것도 있어
> 그 친구에 대해 나쁘게 말하는 것 같아 불편하다고 한다.
>
> (2회 수업 후 필자의 현장노트)

필자는 즉흥적으로 캐릭터를 표현해내는 것이 이 학생들에게 무리임을 지각하게 되었다. 학생들이 무언가를 즉흥적으로 표현하기 위해서는 교사가 상황 혹은 짧은 대사를 제공해, 그것을 발판으로 학생들이 즉흥적이고 자발적으로 표현해내도록 해야 한다는 것을 깨달았다. 그래서 3회 수업에는 원래 계획했던 오브제를 이용하여 가사를 덧붙여 노래를 만드는 활동을 하지 않고, 상황 및 대사를 제공하여 그 상황을 바탕으로 즉흥극을 만들도록 하였다. 이 즉흥극은 학생들이 활동하기 원했던 것으로, 지난 학기 연극 수업시간에 실행하였던 것이다.

(2) 2차 실행

A. 허구적 사건을 통해 문제 해결하기

2차 실행과정은 1차 실행 과정에서 비판적 반성을 바탕으로 재-계획된 프로그램을 도입하는 것으로 이루어졌다. 1차 실행과정 중 발견한 문제점에 대한 대안으로 수업의 재미보다는 학습으로 연결될 수 있도록 하는 데 주안점을 두었다. 또한 예비연구에서 드러났던 사안을 바탕으로 또래들 간에 갈등상황이 발생할 경우 문제를 효과적으로 해결하도록 하는 데 초점을 두었다. 이를 위해 또래들 간의 갈등을 내포하고 있는 텍스트를 활용하여 D.I.E(Drama In Education) 수업을 진행하였다.

3회 수업 도입단계에서는 연극놀이를 진행하고, 전개단계에서는 2회 수업에서 학생들 의견을 반영하여 주어진 갈등 상황에 대해 문제를 해결하여 극을 마무리 짓도록 하는 '엄마와 딸' 즉흥극을 진행하였다. 첫 번째 활동으로 실행한 '대장 찾기'는 원으로 둘러 앉아 대장으로 선택된 학생이 하는 행동을 다른 학생들이 모방하는 것이다. 이때 원 안에 서 있는 술래가 대장이 누구인지 알아맞히는 것이다. 그리고 '드라큘라'는 학생들이 악수를 하며 인사를 하는데, 필자로부

| 표 7 | 2차 프로그램 개요

수정된 2차 프로그램			
핵심질문	회	활동	시기
또래 괴롭힘?	3	1. 대장 찾기 2. 드라큘라 3. 메시지 전달하기 4. '엄마와 딸' 즉흥극 5. 성찰일지 작성	2014.4.10. 5-7교시
어떤 갈등이 있고, 해결하려면 어떻게 해야 할까?	4	1. 소외와 환영 놀이 2. 「친구 몰래」 스토리텔링 3. 장면 발표 4. 해결책 토론 5. 성찰일지 작성	2014.4.17. 5-7교시
	5	1. 수업 동영상 시청 2. 「별난 친구를 소개합니다」 스토리텔링 3. 장면 발표 4. 해결책 토론 5. 성찰일지 작성	2014.4.24. 5-7교시
	6	1. 하늘 닿기 2. 무궁화 꽃이 *** 3. 교실 속 풍경 타블로 4. 「양파의 왕따일기」 스토리텔링 5. 장면 발표 6. 해결책 토론 7. 성찰일지 작성 8. EBS 영상 시청	2014.5.1. 5-7교시

터 선택받은 드라큘라는 두 번째 손가락으로 상대방의 손을 찌르며 악수를 한다. 이 때 손가락으로 찔린 학생은 다섯을 센 뒤 큰 소리로 '으악' 하면서 죽는 동작을 취하고, 다른 학생들은 드라큘라가 누구인지 맞추는 게임이다.

게임을 하던 중 전학 온 홍림이가 게임에 집중을 못하고 낯설어 하는 것 같아, 필자는 신체를 더 많이 활용하여 또래들과 상호작용하는 '메시지 전달하기'를 실행하였다. '메시지 전달하기'는 말을 하지 않고 주어진 내용을 신체만을 사용하여 뒤의 학생에게 전달하는 것이다. 이 활동은 그룹끼리 메시지를 전달하도록 하였으며, 전달하는 메시지는 다른 그룹의 학생들이 정해준 것이었다. 학생들은 게임을 하면서 새로 전학 온 홍림이에 대해 더 알게 되었다고 하였다.

그 뒤에 '엄마와 딸' 즉흥극 활동을 하였는데, 이 즉흥극은 관객인 학생들이 배우의 주변 인물 역할을 맡아 논쟁이 진행되는 극의 중간에 개입하여 논쟁의 한 편에서 즉흥연기를 하는 형식으로 이루어졌다. 이는 관객이 배우가 되어 연극에 개입하여 문제를 해결하는 포럼연극(Forum Theatre) 기법이 사용된 것이다 (Burton, 2010). 포럼연극과 유사한 형식인 이 즉흥극의 이름을 학생들은 '엄마와 딸' 즉흥극이라고 지었으며, 실행 과정은 다음과 같다.

필자는 즉흥극의 인물과 상황을 같은 반 또래가 괴롭혀 학교 가기 싫어하는 딸과 그 딸을 학교에 보내려는 엄마로 설정하였으며, 이러한 상황과 대사는 직접 창작한 것이다. 엄마와 딸의 대사를 칠판에 적은 후, 필자는 극 중 엄마의 역할, 딸의 역할, 그리고 이들의 주변인물을 연기하고자 하는 학생들끼리 그룹을 형성하게 하였다. 그리고 각자가 맡은 인물이 추구하는 목표를 이루기 위해 어떠한 근거를 들어 논리적으로 반박할 것인지 생각해보도록 하였다. 엄마와 딸 역할의 학생들은 주어진 대사를 바탕으로 대사 뒤의 내용을 즉흥적으로 연기하였으며, 그들은 극이 끝날 때까지 그 역할이 추구하는 목표를 이루려고 하였다. 극의 중간에 필자는 'stop'을 외치며 주변인물의 역할을 맡아 극을 관람하고 있던 학생들이 극에 개입할 수 있도록 이끌었다. 관객인 학생들은 엄마 혹은 딸의 주변인물의 역할을 맡아 엄마와 딸 중 한 쪽 편에서 그 입장을 지지해 주는 입장을 연기하였다. 그 후에 필자가 다시 개입하여 관객에게 어느 쪽 입장을 들어줘야 할지 의견을 물어보고, 관객의 의견대로 엄마와 딸의 입장 중 한 입장을 골라 그 인물의 목표대로 극을 마무리 해달라고 제안하였다.

　본래 포럼연극은 관객인 학생들이 자발적으로 연극에 내포된 갈등을 해결하고자 하는 것이지만(Burton, 2010), 이번 활동에서는 필자가 주변인물을 맡은 학생들을 의도적으로 극에 개입시켜 갈등을 해결하도록 진행하였다. 그리고 학생들이 논쟁에 적극적으로 참여하게끔 유도하기 위해 포럼연극과 유사한 형식의 '엄마와 딸' 즉흥극을 실행하였다.

　실행과정 중, 필자는 가해자 역할을 맡은 태철이가 연기할 때 힘들어하는 모습을 발견하였다. 이에 대해 태철이가 실제 자신의 모습을 역할에 투사하였기 때문에 나타나는 반응이라고 해석하였다. 평상시 태철이는 학생들이 자신을 자꾸 괴롭힌다고 얘기해왔다. 그럴 때마다 필자가 다른 학생들에게 태철이를 왜 자꾸 괴롭히는지 물어보면 학생들은 장난치고 괴롭히는 사람은 태철이라고 반응했다. 태철이는 이에 대해 불만을 가지고 있었다. 즉흥극을 할 때에도 학생들은 태철이를 가해자로 몰아가 연기를 하였다. 이 상황에 대해 태철이는 학생들이 자기를 자꾸 괴롭힌다고 생각하고 있는 것이었다.

　한편, 필자가 학생들에게 극의 갈등에 대한 해결책을 물어봤을 때, 대부분의 학생들은 극의 주인공은 그를 괴롭히는 친구에게 복수를 해야 한다는 의견을 얘기하였고, 소담이의 경우 법적 대응을 해야 한다고 대답하였다. 반면 죠앤은 어떤 일이 발생하면 갈등을 해결하기 위해 교류를 해야 한다는 것을 깨달았다고 하였다. 활동을 하면서 느낀 점은 대부분의 학생들이 '엄마와 딸' 즉흥극을 통해 전학 온 홍림이에 대해 많이 알게 되었다는 것이다.

　4회 수업은 '소외와 환영놀이'로 시작하였다. 이 게임은 필자가 각 그룹의 학생들에게 생일잔치 등의 상황을 주고, 다른 그룹의 학생들이 오면 반응을 전혀 하지 말고 무시하도록 지시하였다. 즉, 다른 그룹에 가서 무시를 당하는 학생들은 '왕따'를 경험하게 되는 것이다. 필자는 각 그룹의 모든 학생들이 한 번씩 또래로부터 소외를 받는 상황과, 환영을 받는 상황이 연출되도록 진행하였다. 게임이 끝난 뒤 대부분의 학생들은 소외놀이보다 환영놀이가 더 재미있다고 하였으며, 소외시켰을 때 기분이 좋지 않았다는 반응을 보였다.

　또래 간의 문제를 해결하는 능력을 향상시키기 위해 4회 수업부터 6회 수업까지는 허구의 상황, 즉 또래관계 갈등을 내포하고 있는 텍스트의 몇몇 부분들을 발췌하여 연극으로 표현하도록 지도하였다. 텍스트는 또래 간의 갈등을 담고 있어야 하며, 학습자의 언어 발달 수준에 적합한 책이어야 한다는 기준을 충족하는 것들로 선정하였다. 다문화 학생들이기에 한국어에 대한 이해도가 일반 학생들에 비해 낮을 것이라는 판단이 들어 중학생 수준의 서적보다는 초등학교 저학년을 위한 서적으로 선정하였다.

4회 수업에서 활용한 텍스트는 「친구 몰래」이다. 이 책은 새로 전학 온 아이로 인해 단짝 친구와 사이가 멀어진 주인공이 자신의 욕심을 버리고 단짝 친구를 위해 배려하는 내용을 담고 있다. 필자는 갈등이 최고조로 일어난 부분까지 내용을 이야기해주고, 이 내용 중 가장 인상적인 장면을 골라 그룹별로 극을 발표하게 하였다. 학생들이 선정한 장면은 주인공인 은지가 엄마에게 홍콩으로 놀러가자고 하는 장면, 지수가 은지네 집에 놀러와 은지의 단짝인 민경이와 지수가 마주치는 장면, 지수가 은지와 짝을 하고 싶다고 하는 장면이었다. 학생들끼리 역할을 정해 연습을 하였고, 장면 발표 이후에는 주어진 갈등 상황을 해결하는 토론 수업이 이어졌다. 주인공 은지가 잘못이라는 학생들도 있었고, 민경이가 괜히 은지와 지수 사이를 오해해서 질투를 했다며 민경이가 잘못이라는 학생들도 있었다. 은지와 민경이 사이를 지수가 중간에 껴서 훼방 놓는 것은 잘못된 행동이라고 하는 등 학생들은 그들의 관점에서 극 중 인물의 잘잘못을 따졌다. 그리고 함께 해결책을 고민하는 과정 속에서, 학생들은 이 상황을 누구 한 사람의 잘못이 아니라 오해로 빚어진 상황이라고 인식하였다. 토론이 끝난 뒤 교사는 학생들에게 서적의 갈등 상황 이후 내용을 이야기해 주었다.

필자: 얘들아, 지금 현재 민경이가 삐져서 나갔잖아, 은지랑 민경이가 사이가 안 좋잖아, 이를 해결하려면 어떻게 해야 할까?
학생들: 민경이가 나서야 해요, 은지가 나서야 해요.
필자: 민경이가 나서야 한다, 은지가 나서야 한다.
영은: 오해를 풀어야 해요.
필자: 어떻게 오해를 풀 수 있을까?
소담: 은지가 나서서 너네 둘 다 좋다고, 셋이 같이 잘 지내자고.

민아: 저도 똑같아요.

필자: 소담이와 민아의 의견은 셋이 같이 잘 지내자고 은지가 나선다, 또 다른 친구들은?

소담: 은지가 우선 민경이한테 내일 내가 뭐 사줄게 하고 만나요, 만나겠죠? 사실 내가 이랬
　　　다 얘기하고 미안하다.

필자: 얘들아, 다들 소담이의 의견에 공감해?

채현: 네.

순미: 지수가 전학가야 돼.

소담: 왜? 은지가 지수 숨겼잖아.

영은: 민경이가 잘못했지.

필자: 은지가 잘못했다는 친구도 있고, 민경이가 잘못했다는 친구도 있고, 지수가 잘못했다는
　　　친구도 있고, 선우는 아무도 잘못하지 않았대.

영은: 지수는 잘못 없어.

필자: 얘들아, 선생님도 학교 다닐 때 그런 적 있었어. (중략, 필자의 말: 필자의 과거 경험
　　　공유함) 이런 상황에서 어떻게 해줘야 할지, 분단별로 해결책을 정해주세요. 어떻게 해
　　　야 해결이 될 수 있을까. 그 대신 전학 보내고 그러면 안 돼. 그건 최선의 해결책은 아
　　　닌 것 같아.

영은: 이건 잘못이 아니라, 오해 같아.

민아: 응.

(4회 수업 실황 오디오 자료)

　　4회 수업에서는 학생들의 성찰일지에 「친구 몰래」 서적의 상황과 비슷한 일
을 경험하였는지 쓰게 하였다. 학생들은 친구들끼리 질투를 유발하는 행동은 남
학생들보다 여학생들 간에 빈번히 일어난다며, 왜 그런 행동을 하였는지 이해가
안 간다고 하였다. 이는 텍스트와 유사한 상황을 그들 일상생활에서 발견하여 자
신의 과거 경험을 반성하는 것이다.

　　5회 수업에서는 4회 수업실황을 촬영한 동영상을 시청하였다. 동영상을 시청
한 뒤 학생들에게 어떤 느낌이 드는지 물어보니, 학생들은 너무 시끄러워 다른
학생들이 무슨 말 하는지 듣기 힘들었다고 하였다. 몇몇 학생들은 동영상 속 자
신의 모습을 보기 힘들어 하였다. 동영상 시청이 끝난 뒤 몸을 풀기 위해 원으로
서서 앞사람의 어깨를 마사지하게 하였다. 그 다음 필자는 「별난 친구를 소개합

니다」라는 책의 내용을 설명해 준 뒤, 필자가 선정한 장면의 내용을 복사해 학생들에게 배포하여 그 내용을 토대로 그룹별로 장면 발표를 하도록 하였다. 이 책은 조용한 성격을 가진 남자아이가 주인공으로 등장한다. 주인공은, 생각나는 대로 말을 내뱉고 다소 덜렁대는 성격을 가진 여학생 탓에 상처를 받으면서도, 그 여학생을 좋아하게 되는데, 자신과 '다른' 여학생을 어떻게 받아들여야 하는지 갈등하는 내용이다.

그룹의 학생들은 장면을 하나씩 골라 역할을 맡아 연습하였고, 텍스트의 스토리 순서대로 발표하였다. 필자가 지정해준 장면을 연습한 결과, 4회 수업의 장면 발표보다는 좀 더 구체적인 내용의 극이 완성되었다. 필자가 선정한 장면들은 괴롭힘을 당하는 주인공 연수를 같은 반 민아가 도와주는 장면, 회장 선거하는 장면, 수학시험을 본 뒤 민아와 연수가 대화하는 장면, 민아의 행동에 대해 연수와 연수의 엄마가 대화하는 장면이다. 이 장면들은 인물의 대사를 통해 또래 간의 관계가 잘 드러나는 대목으로, 책에서 말하고자 하는 주제와 교훈이 정확하게 드러나는 장면들이라 할 수 있다.

장면 연습 과정에서 학생들은 내용이 많다며 투덜거렸지만, 그룹 내 학습과제를 열심히 수행하고자 하는 학생들(민아, 영은, 소담)이 이끌어가며 연습이 진행되었다. 그리고 몇몇 학생들이 내용에 대한 이해도가 떨어지는 학생들(혜은, 현진, 장명)에게 텍스트의 내용을 반복적으로 알려주어 장면 발표라는 목표를 달성하도록 북돋아 주었다. 학생들의 장면 발표 이후에는 갈등 상황에 대해 문제를 어떻게 해결하면 좋을지 토론하였고 이후 교사는 이전과 같이 서적의 결말 내용을 서술해 주었다. 주인공인 별난 친구 민아를 믿고 리코더를 살 돈을 민아에게 빌려줄 수 있겠냐는 필자의 질문에 대부분의 학생들이 빌려줄 수 있다고 하였다.

5회 수업에서는 성찰일지에 서적의 민아처럼 주위에 별난 친구가 있다면 그 친구는 어떤 친구이며, 그 친구에게 본인은 어떤 친구인지 쓰게 하였다. 또 다른 친구들에게 별난 친구로 비춰지는지에 대해서도 쓰게 하였다. 대부분의 학생들은 자신과 다른 별난 친구가 있을 수 있으며, 그 친구에게 자신 또한 별난 친구일 수 있다고 답하였다.

> 배운 점: 나도 별난 친구 있는데, 그 친구에게 나도 별난 친구일 수 있다.
> (5회 수업에 대한 선우 학생의 성찰일지)

6회 수업은 '하늘로 점프' 활동으로 시작하였다. 이 게임은 세 명이 한 팀이 되어 양 옆의 사람이 팔꿈치로 중앙에 있는 친구를 점프하며 올려주는 게임이다. 그리고 '무궁화 꽃이 ***'를 하였는데, 이것은 '무궁화 꽃이 피었습니다' 놀이를 변용한 것으로, 술래는 '피었습니다'라는 말 대신 다른 말을 집어넣고, 나머지 학생들은 술래가 말하는 대로 동작을 취하는 게임이다. 필자는 학생들에게 그들이 익숙하게 알고 있는 '무궁화 꽃이 피었습니다' 놀이를 실행하게 한 뒤, '무궁화 꽃이 ***'를 알려주며 시작하였다.

이후 수업 시간, 쉬는 시간, 종례 시간, 청소 시간 등 교실의 풍경을 타블로 (tableau), 즉 정지된 이미지로 표현하게 하였다. 학생들은 수업 시간, 쉬는 시간, 청소 시간의 이미지들은 역동적으로 표현하였으나, 종례 시간은 정적인 이미지로 표현하였다. 5회 수업에서 활용된 텍스트는 「양파의 왕따 일기 1」인데, 이것은 과거 드라마로 제작되었던 전례가 있어 몇몇 학생들에게 친숙하였다. 이 책의 내용은 주인공 정화가 양미희의 말에 죽어도 복종하고 아부하는 '양파' 모임에 들어가게 되면서 시작된다. 이후 학급 내에서 열린 인기투표에서 1위를 하게 된 정선이에게 화가 난 미희가 정선이를 왕따시키고, 그러자 '양파' 모임의 아이들도 미희에게 찍히고 싶지 않아 복종하여 정선이를 왕따시키는 내용이다.

4회 수업처럼 필자가 선택한 세 부분을 복사하여 학생들에게 나눠준 뒤, 학생들은 그룹별로 연습하여 주어진 장면을 발표하였다. 학생들이 발표한 장면은 미희가 주인공인 정화를 화장실로 불러서 '양파'에 가입하게 하는 장면, 가수의 사인을 받지 못해 미희가 정선이를 '양파'에서 제명시키려는 장면, 마지막으로 미희가 정선이를 도둑으로 몰아가는 장면이다. 지금까지 진행한 텍스트 가운데 학생들은 이 책의 내용에 가장 많이 공감하였다. 성찰일지에 쓸 내용으로 필자는 학생들에게 진정한 친구가 누구인지, 또 만약 친구로부터 소외를 당하면 어떤 기분이 들 것 같은지 적게 하였다. 그리고 만약 내가 미희라면 어떤 느낌이 들지, 만약 내가 정화라면 정선이를 위해 무엇을 해줄 수 있을지 적게 하였다. 특히 한 학생은 초등학교 때 본인이 직접 이런 경험을 했던 적이 있다며, 과거 자신의 행동을 반성하였다.

> 1. 느낀 점: 나도 초등학교 시절에 친구들과 미희처럼 싸웠던 것 같아서 부끄럽기도 하고 지금은 추억이 된 것 같다. (중략)
> 5. 내가 미희(필자의 말: 극 중 가해자의 인물)라면?: 친구들이 모두 나를 좋아하기 때문에 좋긴 하겠지만 마음 한 구석은 조금 편치 않을 것 같다.
> 6. 내가 정화(필자의 말: 극 중 피해자의 친구)라면, 정선이(필자의 말: 극 중 피해자 인물)를 위해 뭘 해줄 수 있을까?: 위로도 해주고 정선이가 모두와 친해질 수 있도록 도와줄 것이다. 정선이에게. 정선아, 너무 슬퍼하지마. 도와줄게.
>
> (6회 수업에 대한 영은 학생의 성찰일지)

> 1. 느낀 점: 소외하면 어렵고, 힘들고, 상처가 커진다.
> 2. 배운 점: 소외시키면 나도 나중에 당하게 된다. (중략)
> 4. 친구로부터 소외를 당하게 된다면?: 그냥... 힘들고 우울증에 걸릴 것 같다.
> 5. 만약 내가 미희라면?: 좀 미안한 마음이 든다.
> 6. 만약 내가 정화라면?: 정선이를 무시하지 말고! 정선이를 좀 카톡 해주거나, 애들 몰래 챙겨준다.
>
> (6회 수업에 대한 죠앤 학생의 성찰일지)

또한, 필자는 아이들에게 왕따를 시키면 안 된다는 사실보다는 왜 왕따를 시키면 안 되는지 그 이유가 더 중요하다고 역설하며, 그 이유가 무엇인지 생각해보게 하였다. 대부분의 아이들은 친구의 마음이 상하기 때문이고 자신에게도 언젠가 그 화살이 돌아온다고 말하였다. 토론이 끝난 후에는 EBS에서 제작한 '양파의 왕따 일기' 동영상을 시청하며 6회 수업을 마무리 지었다.

B. '유치한' 내용 말고 실제 사건을 다루기

2차 실행과정은 1차 실행과정에 비해 학생들이 또래 간의 관계 형성, 갈등 해결, 또래에 대한 배려 등에 대해 생각해 볼 수 있는 기회가 제공되었지만, 5회 수업이 끝난 후 학생들은 책의 내용이 너무 유치하다는 반응을 보였다. 필자는 다문화 학생들의 언어수준을 감안하여 초등학교 저학년 서적 중 또래관계 개선을 주제로 한 텍스트를 선정하였다. 한국어 수준이 미흡한 몇몇 학생들은 책의 내용을 이해하기 위해 다른 학생들의 도움을 받으며 몇 번의 재독을 거쳐 내용을 이해하였다. 하지만 그들은 내용 자체에 대한 이해가 끝나면 책의 내용이 너무 유치하다는 반응을 보였다. 이후에는 학생들의 공감을 높이기 위해 애초에 계획하였던 「방빛나의 수상한 일기」 책을 제외하고, 「양파의 왕따 일기 1」 책으로만 진행을 하였다.

연극 장면을 발표할 때, 관객으로 참여한 학생들이 너무나도 소란스러워서 5회 수업에서는 수업을 촬영한 동영상을 시청하도록 하였다. 수업시간 동안 보인 그들의 태도에 대해 스스로 반성할 기회를 제공하자는 취지였다.

그리고 4회 수업에서 학생들의 장면 발표 수준은 단순한 수준에 그치고 말았다. 그래서 필자는 5회 수업에서는 필자가 책의 내용 중 또래 간의 갈등을 보여주는 몇몇 장면을 선정하여 그 내용을 학생들에게 제공하여 연극으로 만들도록 하였다.

또한 필자는 학생들의 성찰일지를 분석한 결과, 텍스트가 내포하고 있는 주제와는 다른 방향으로 학습하고 있는 학생들이 있다는 것을 알게 되었다.

> 느낀 점: 민아(필자의 말: 서적의 민아) 같은 친구는 사귀면 안 된다.
> 배운 점: 사람을 쉽게 믿으면 안 된다.
> (5회 수업에 대한 건석 학생의 성찰일지)
>
> 배운 점: 약속을 잘 지켜야 됩니다. 별난 친구가 되면 안돼요.
> (5회 수업에 대한 순미 학생의 성찰일지)

또래관계 개선의 목표를 달성하기 위해 대상이 실제적으로 겪고 있는 갈등을 찾아, 그것을 해결하는 것이 중요하다고 판단하였기 때문에, 필자는 6회 수업부터는 학생들에게 실제 사건을 다루고 있는 신문이나 뉴스 자료를 통해 접근하기로 하였다.

(3) 3차 실행

A. 실제 사례를 통해 우리만의 연극 만들기

학생들의 행동을 관찰하던 중 장난과 폭력의 경계가 모호하다는 점이 발견되어, 이와 비슷한 사례를 다룬 실제 뉴스를 찾아 함께 시청하고, 시청이 끝난 뒤에는 함께 이에 대해 논의하는 시간을 갖도록 하였다. 이를 통해 그동안 다루었던 서적 속 허구적인 내용 이외에 실제 일어나는 사건들을 바탕으로 학습이 이루어질 수 있도록 구성하였다. 갈등이라는 주제를 놓고 학습자들의 삶에서 발생할 수 있는 다양한 갈등에 대해 마인드맵을 통해 이야기를 나눠보았으며, 그룹별로 이 중 몇 가지를 선정하여 문제를 해결해 보는 시간을 갖는다면 자연스럽게 후속 단계인 대본을 만들고 연극을 만드는 과정에서 학생들의 실질적인 이야기들이 나올 수 있을 것이라고 기대하였다.

| 표 8 | **3차 프로그램 개요**

수정된 3차 프로그램			
핵심질문	회	활동	시기
장난? 또래 괴롭힘?	7	1. 믿음의 원 2. 인간 레고 3. 인터뷰하기 4. 인간 도미노 5. 뉴스 영상 시청 6. 뉴스 내용에 대한 토론 7. 성찰일지 작성	2014.5.8. 5－7교시
	8	1. 눈빛으로 자리 교환(Circle Dash) 2. 1 in 3 3. 실제 사례의 해결책 발표	2014.5.22. 5－7교시
어떠한 이야기를 만들까?	9	1. 서로 소개해주기 2. 중학교 시절 즉흥 상황극 3. 이웃 게임 4. 성찰일지 작성	2014.5.29. 5－7교시

교사를 위한 교육연극의 이론과 실천

	10	1. 런닝맨 2. 이야기 정하기, 구체화, 장면구성 3. 성찰일지 작성	2014.6.12. 5-7교시
	11	1. 폭탄 방패놀이 2. 연극 주요 장면 타블로(tableau) 3. 인물 분석 및 인터뷰 4. 성찰일지 작성	2014.6.19. 5-7교시
	12	1. 무궁화 꽃이 *** 2. 감정 없이 대본 읽기 3. 역할의 얼굴 표정 그리기 4. 최대의 감정으로 대본 읽기 5. 성찰일지 작성	2014.6.26. 5-7교시
	13	1. 대본과 유사한 상황으로 즉흥극 2. 음악 선정 3. 성찰일지 작성	2014.7.1. 5-7교시
장면연습 및 연극 발표	14	1. 런닝맨 2. 최대 감정으로 대본 읽기 3. 장면 연습 4. 성찰일지 작성	2014.7.7. 1-2교시
	15	1. 장면 연습 2. 음악과 함께 장면 연습 3. 장면별 블로킹 그리기 4. 성찰일지 작성	2014.7.9. 3-4교시
	16	1. 전체 연습 및 연극 공연 2. 성찰일지 작성	2014.7.16. 3-4교시
되돌아 보기	17	1. 한 학기 수업 돌아보기 2. 설문지 작성 3. 또래관계 변화 그림으로 표현	2014.7.22. 3-4교시

| 18 | 1. 교실 분위기 타블로(tableau)
2. 이번 학기 수업 전, 중, 후 또래관계 타블로(tableau)
3. 수업에 대한 느낀 점 조각하기
4. 성찰일지 작성 | 2014.7.30.
1-2교시 |

7회 수업은 학생들이 야외수업을 원하여 학교 근처 아파트 공원에서 이루어졌으며 '믿음의 원'으로 시작되었다. 참여 학생들이 모두 함께 원으로 서서, 중앙에 있는 사람이 좌우, 앞뒤로 떨어질 때마다 받쳐주는 것이다. 그 후에는 '인간 레고'를 하였는데, 이 활동은 그룹별로 필자가 말해주는 물체를 듣고, 그룹의 구성원들이 물체의 한 부분이 되어 물체 전체를 몸으로 표현하는 것이다. 활동하는 과정에서 새로 전학 온 위곤이가 어색해하자, 위곤이와 같은 나라에서 온 순미와 선우가 위곤이가 활동하기 편하도록 도움을 주었다. '5분 인터뷰하기'는 둘씩 짝을 지어 5분의 시간 동안 상대방에 대해 인터뷰를 한 뒤, 무작위로 한 팀을 골라 상대방의 특징에 대해 동시에 대답하는 것이다. 이후 실행한 '인간 도미노' 활동은 학생들이 원으로 서서 자신의 특징을 잘 살릴 수 있는 동작을 한 뒤 모든 학생들이 각각 학생들의 동작을 도미노처럼 순서대로 따라하는 활동이다.

야외수업이 끝난 뒤 학생들은 교실로 돌아와, 2013년 5월 전남의 한 중학생이 급우에게 칠판지우개를 던져 법원이 이에 대해 학교폭력을 행사하였다는 이유로 징계처분을 내렸다는 뉴스 영상을 시청하였다. 하지만 뉴스의 내용을 이해하고 있는 학생이 몇 명 되지 않아, 다시 한 번 영상을 시청하며 내용을 구체적으로 설명해 준 뒤 학생들에게 법원의 판결에 대해 어떠한 생각이 드는지 자유롭게 말해보도록 하였다. 학생들은 즉시 태철이에게 장난쳐서 미안하다며 잘못했다고 용서해달라고 말하였다. 그리고 학생들 대부분이 법원의 판결에 대해 이의를 제기하였다. 이 사례의 B군은 장난으로 칠판지우개를 던졌을 뿐이라는 것이었다.

소담: 근데 난 웃긴 게 지우개를 던진 게 그렇게 화가 날 일이야?

영은: 화날 일인지 모르겠는데, 지우개 던진 게 그렇게 심각하진 않잖아. 지들끼리 치고 박고 싸운 것도 아니고.

소담: 그림은 B가 그렸고, 그냥 그렸는데, A가 자기 얼굴인줄 알고 화가 난거야, 그래서 지운거야, 근데 B가 왜 지웠냐고 지우개를 던진 건데.

필자: 학교폭력은 일방적이기 때문에 이건 학교폭력이 아니라는 거지?

영은: 이건 서로 오해가 쌓인 거니까.

필자: 만약 여러분이 교장이라면 어떻게 할래?

소담: 둘이 풀게 해야죠. A가 만약 가만히 있었으면 학교폭력인데, A가 그림을 지웠으니.

(중략)

필자: 근데 선생님은 혼란스러운 게, 이 일은 일방적인 건 아니라는 거지? 그냥 오해다? 예를 들어 지우개를 맞았어, 애들 앞에서 그런 거고 창피했어.

소담: 아, 창피했대요?

필자: 법원에서는 A가 수치스러웠을 거라고 생각해서 판단을 내린 거지.

소담: 선생님, 그럴 것이라는 거잖아요, 지 맘대로. 이건 둘 다 앉혀놓고 얘기를 해야 돼요.

(7회 수업 실황 오디오 자료)

이후 장난과 폭력의 차이에 대해서 토론하였고, 학생들은 그들이 소속되어 있던 일반학교에서 일어났던 학교폭력 사건들도 이야기하며, 그 학교는 무조건 강제전학을 시키는 것으로 문제를 해결한다고 하였다.

토론이 마무리 된 뒤 필자는 학생들에게 친하다고 해서 태철이에게 장난치는 것은 좋지만, 태철이의 기분을 불쾌하게 만들었다면 그것은 장난이 아니라 학교폭력이라고 얘기하였다. 친한 사이라도 심한 장난으로 인해 또래관계가 틀어질 수 있음을 말해주었다. 그랬더니 학생들은 태철이에게 또 미안하다고 얘기를 하고 태철이는 부끄러워하였다. 학생들은 장난을 치는 것이어도 상대방이 기분이 나쁘거나 불쾌한 상황이면 그 행위는 장난이 아니라 폭력임을 지각하였다.

8회 수업의 첫 활동은 '눈빛으로 자리 교환'이었다. 이것은 원으로 서서 학생들은 눈빛을 주고받은 학생들과 자리를 이동하고, 원의 중앙에 서 있는 학생들은 다른 학생들이 이동하는 틈을 타 원의 빈자리를 찾아 가는 것이다. 그리고 본래 계획되었던 활동은 아니었지만, 또 다른 활동인 '1 in 3'을 실행했다. 이 게임은 필자가 석사과정에서 실행하였던 것으로, 그룹을 이룬 뒤 그룹 중 한 사람은 거짓을 얘기하고 나머지 두 사람은 진실을 얘기하는 것이다. 다른 그룹의 학생들은 세 사람의 말을 듣고 누가 진실과 거짓을 얘기하였는지 찾아내는 게임이다. 필자는 학생들에게 일주일 동안 어떤 일이 있었는지 서로 얘기하게 한 뒤, 얘기를 나눈 것 중에서 두 가지는 진실로, 한 가지는 거짓으로 발표하도록 하였다.

이후 필자는 학생들에게 또래 간 따돌림의 세 가지 사례를 제시한 뒤, 세 그룹의 학생들에게 주어진 갈등을 바람직한 방향으로 해결하도록 제시하였다. 학생들에게 제공한 사례들은 박성희 외(2012)의 연구에서 발췌한 것으로, 중학생들 사이에서 발생되고 있는 따돌림의 사례와 사이버 폭력에 가담한 학생들의 사례(부록 참조)였다. 학생들은 주어진 내용을 바탕으로 뒤의 내용을 대사로 만들어 역할을 정하여 발표하였다.

한 그룹은 '모둠원을 바꿔주세요' 사례의 뒷내용으로, 연지와 같은 방을 쓰지 않는 이유는 연지의 발 냄새 때문이며, 연지는 중국으로 가서 가난한 사람을 구하였고, 선생님은 이 소식을 듣고 감동을 받아 연지와 행복하게 살았다는 내용을 발표하였다. 필자가 어떻게 연지가 갑자기 중국으로 가서 가난한 사람을 구하냐고 현실적이지 않다고 하였더니, 한 학생이 베트맨도 그러니까 충분히 할 수 있다고 하였다.

다른 그룹은 '체육시간' 사례의 뒷내용으로, 연지가 갑자기 피구를 잘해서 연지를 싫어하던 아이들이 연지를 놀린 것에 대해 사과하며 잘 지내자고 하는 내용을 발표하였다. 이들이 제시한 결말은 피해자 학생의 장점을 부각하여 다른 학생들이 그를 존중할 수 있도록 만드는 것이다. 학생들이 제시한 대안은 즉, 보알(Boal)이 언급한 "마법(magic)"의 해결책이라고 할 수 있다(Boal, 2002: 261). '마법'의 해결책이 나왔다는 것은 "보다 큰 그룹의 행위에 영향을 주는 낮은 지위의 착한 마음을 지닌 학생의 사회적인 힘이 명백하게 나타났음"을 의미한다(Young, 2012: 181). 마지막 그룹은 '악성 댓글과 욕설문자' 사례에서 주어진 갈등에 대한 해결책으로 또래들끼리 대화로 서로 오해를 풀어 사이좋게 지낸다는 내용을 발표하였다. 실제 사례를 바탕으로 또래 간 문제를 해결하도록 하였을 때, 대부분의 학생들은 화해하는 방법을 배웠다고 하였다.

> 배운 점은 친구들이랑 문제 생기면 화해 어떻게 해야 되는지 알았어요.
>
> (8회 수업에 대한 혜은 학생의 성찰일지)
>
> 느낀 점: 안 싸우는 것보다 어떻게 화해하느냐에 따라 더 친해지고 어색해질 수도 있다.
> 배운 점: 감정이입이 된다. 얘기를 통해 화해를 할 수도 있다.
>
> (8회 수업에 대한 소담 학생의 성찰일지)

9회 수업에서 학생들은 달빛 중학교 수학선생님께서 담임선생님으로 계신 오늘 고등학교(가칭) 3학년 학생들과 함께 수업을 받게 되었다. 오늘 고등학교 학생들과 달빛 중학교 학생들이 둘씩 짝을 지어 상대방에 대해 소개를 해 준 뒤 네 그룹으로 나누어 연극 만들기를 진행하였다. 우선, 학생들은 그룹별로 모여앉아 제시 받은 '중학교'라는 단어에 대한 브레인스토밍 시간을 가졌다. 이 시간 동안 화두에 오른 다양한 단어들을 적은 뒤 유사한 특성을 지닌 단어들끼리 유목화를 하였다. 그 중 주제가 될 단어를 하나 골라 거기에 포함된 단어들을 소재로 이야기를 정한 뒤 장면을 구성하도록 하였다. 구성된 장면을 바탕으로 장면연습을 한 뒤 연극 발표를 하고 어느 팀이 독창적으로 재미있게 연극을 만들었는지 평가하게 하였다.

각 팀의 연극 주제는 '과거와 달라진 학교의 체벌 규정', '쉬는 시간의 사랑', '곱등이', '전학 온 연아 학생'이었다. 고등학생들이 중학생들의 의견을 물어가며 연습을 진행하였고, 중학생들은 고등학생들의 의견을 대체적으로 수용하고 협동하며 연습하였다. 고등학생들이 돌아가고 난 뒤 학생들에게 오늘 수업에 대해 느낀 점을 물어보았더니, 다시 고등학생들과 같이 연극할 수 있는 기회가 생겼으면 좋겠다고 답하는 학생들이 있었다. 그리고 몇몇 학생들이, 극 중 전학생 연아 역할을 맡았던 언니가 왕따 당하는 것을 봤다는 말을 꺼내었다. 순미는 연극 연습하던 중 그 언니가 얘기할 때마다 아무도 대꾸하지 않았다고 하며, 그러한 언니 오빠들의 행동이 너무 심하고 왕따 당하는 언니가 불쌍하다고 하였다. 학생들은 왕따를 당하는 허구의 인물뿐만 아니라, 실제로 왕따 당하는 오늘 고등학교 학생에게 감정이입을 하며 그 학생의 정서를 공감하고 있었다.

10회 수업의 첫 활동인 '런닝맨'은 두 팀으로 나누어 상대방 팀의 등 뒤에 붙여진 이름표를 떼어내는 것인데, 여기에는 각 팀의 왕의 이름표가 떼어지면 안 된다는 규칙이 정해져 있다. 필자는 수업에 적극적으로 참여하지 못하고, 학급에서 단짝 친구 한 명만 대화를 하며 서로에게 의지하려고 하는 두 학생(현진, 장명)을 의도적으로 각 팀의 왕으로 정하였다. 학생들은 왕인 현진이와 장명의 이름표를 사수하기 위해 작전까지 짜며 열심히 게임에 임하였다.

10회 수업부터 13회 수업까지는 두 그룹으로 나누어 친구라는 주제로 대본을 만들고 극 속의 인물에 대한 구체화 작업을 실시하였으며, 대본 속 상황과 친숙해지도록 대본과 유사한 내용으로 즉흥극을 실시하였다. 대본을 만드는 과정에서 학생들은 친구에 관해 자유롭게 이야기를 공유하였고, 그 중에서 정해진 이야기를 구체화시켜가며 장면을 구성하였다. 학생들이 만든 대본을 바탕으로 필자는 장면들 간의 연결이 매끄럽도록 약간의 대본 수정을 도와주었다.

각 그룹의 연극 제목은 '친구의 비밀'과 '학교 2014'였다. 학생들이 맡은 대사의 발음에 익숙해지도록 감정을 최대한 넣지 않은 상태로 대본을 읽어나가는, 드라이 리딩을 진행하였다. 그리고 연극의 대표적인 장면 세 개를 골라 타블로 (tableau)로 표현하도록 하였다. 인물 구축 단계에서는 인터뷰 기법을 활용하여, 필자는 뉴스 앵커의 역할을 맡아 학생들에게 본인이 맡은 극 중 역할의 나이, 습관, 성격 등 캐릭터가 갖고 있는 특징에 대해 질문하였다. 그리고 각각의 장면마다 맡은 역할의 감정이 어떻게 달라지는지 표현하도록 인물의 얼굴 표정을 그리도록 하였다. 또한 필자는 연극의 상황과 유사한 상황을 임의로 설정하여 그 상황을 바탕으로 즉흥극을 실시하게 하였다.

12회 수업 쉬는 시간에 필자는 태철이를 복도로 불러내 상담을 하였다. 상담을 한 이유는 11회 수업 태철이의 성찰일지에 태철이가 지금까지 잘 지내는 친구가 한명도 없다고 적혀있었기 때문이다. 필자는 태철이에게 이 반에서 친하게 지내는 친구가 없냐고 물었고, 따로 연락하는 친구가 없냐고 물었다. 태철이는 친한 친구가 없으며 무슨 일이 있을 때 빼고는 연락하지 않는다고 한다. 여자 아이들이 태철이에게 장난을 치는 건 어떻게 생각하냐고 하니 대답이 없었다. 필자가 태철이에게 아이들을 향해 마음을 열지 않은 것 같다고 하니, 태철이는 그 의견이 틀린 것 같다고 말을 했다. 그래서 아이들이 태철이를 싫어해서 장난치는

교사를 위한 교육연극의 이론과 실천

것이라고 생각하는지 물어보니 그것 또한 아니라고 대답하였다. 태철이와 상담을 해 본 결과, 필자는 태철이는 우정의 유형 중 반사회적이고 친사회적인 성향을 둘 다 가지고 있지만, 괴롭힘에 참여하지 않고, 또래들로부터 거부는 당하지 않는 '반사회적인 친구'에 속한다고 판단할 수 있었다(Guroglu, Van Lieshout, Haselager & Scholte, 2007).

필자: 태철아, 저번 주에 이렇게 적었잖아. 이거 진짜 사실이야?

태철: 네.

필자: 이 반에 친하게 지내는 친구들이 없다고?

태철: 네, 원래 없어요.

필자: 애들이 잘 안 잘해줘?

태철: 그건 아닌데 원래 없어요.

필자: 따로 연락하는 친구 없어?

태철: 없어요.

필자: 한 명도?

태철: 없어요.

필자: 남자 친구들은? 뭐 건석이나 다른 애들하고도 연락 안 해?

태철: 무슨 일 있을 때만.

필자: 아, 무슨 일 있을 때만 연락해?

태철: 네.

필자: 선생님이 보기에는 친구들한테 마음을 안 열어서 그런 것 같아, 이건 선생님 생각이거든, 애들이 태철이한테 자꾸 장난치고 그러잖아, 선생님이 생각하기에 태철이를 좋아해서 그러는 거 같은데 태철이는 친한 친구가 없다고 그러니까 선생님이 생각하기에는 태철이가 친구들한테 맘을 안 여나 싶어서. 선생님 생각이 맞아? 잘 모르겠어? 선생님의 생각이 틀려?

태철: 틀린 것 같은데.

필자: 틀린 것 같다고? 그럼 애들이 태철이한테 장난치고 그러는 건 뭔 거 같아?

태철: … 그냥…

필자: 왜 장난치는 거 같아? 혹시 애들이 태철이를 싫어한다고 생각하는 건 아니지?

태철: 그건 아니에요.

(12회 수업 실황 오디오 자료, 태철 학생과의 상담)

14회부터 16회까지의 수업에서는 장면 연습과 공연을 하였다. 연습을 하는 과정에서 학생들은 한국어에 익숙하지 못한 학생들 때문에 연극이 잠시 중단되어 힘든 점을 표현하였다. 하지만 학생들은 그들이 제대로 발음할 때까지 기다려 주면서 연습을 하였다.

> 느낀 점: 재미있었고, 조금 나아졌지만 약간 힘들었다. 아무래도 한국 말이 약간 서툰 애들도 있고 해서 발음과 의미를 파악하기 어려워서 조금 힘들었다. 그래도 예전보단 많이 나아지고 좋았다.
>
> (14회 수업에 대한 죠앤 학생의 성찰일지)

그룹별로 장면 연습을 하고, 이어서 전체 연습을 한 뒤, 발표 당일에는 교장선생님, 담임선생님, 국어선생님, 그리고 소수의 초등학생들이 보는 앞에서 연극을 발표하였다. 장면 연습을 하는 과정에서 학생들은 그룹별로 블로킹을 그려봄으로써 자신들이 무대에서 어디에 위치해 있는지, 그리고 등·퇴장의 위치를 지각하였다. 학생들은 블로킹을 그려보는 작업을 통해 팀워크가 더욱 향상되었다고 하였다. 그리고 학생들은 연극 연습하는 과정에서 지난번보다 더 연기를 잘하게 된 것 같다고 하였다. 또한 연극 발표할 때 너무 긴장이 되었고 실수할까 봐 떨렸다고 했다.

필자는 장면 연습 과정에서 태철이와 소담이를 특히 유심히 관찰하였다. 태철이에게 장난을 치는 여학생 중 태철이가 가장 싫어하는 반응을 보였던 소담이가 우연히 태철이와 같은 연극 그룹이고, 태철이는 소담이가 자신에게 장난치는 것이 싫어서 소담이에 대해 약간의 거부감을 가지고 있는 듯 보였기 때문이다. 특히 태철이와 소담이는 '학교 2014' 연극에서 극 중 맡은 역할의 인물이 처한 상황처럼 실제 상황에서도 친했던 친구였지만 오해가 있어 갈등을 가지고 있었다. 실제 그들의 상황과 그들이 맡은 극 중 역할과 상황이 유사하였기 때문에 필자는 그 둘의 행동을 유심히 관찰하였다. 이때 소담이가 공연을 잘하고 싶다는 마음이 커서인지 태철이에게, 자신에게 대사를 할 때에는 자신을 쳐다보라는 등 구체적으로 어떻게 연기를 해야 할지 가르쳐 주는 모습을 발견할 수 있었다. 소담이의 얘기를 들은 태철이 역시, 처음에는 자신도 잘할 줄 안다며 거부하다가 점차 소담이의 조언대로 자신의 역할에 집중하여 연기하는 모습을 보였다. 이는 연극을 성공적으로 발표하겠다는 공동의 목표를 달성하기 위해 그들 서로가 노력하고 있는 모습으로 판단되었다.

방학 기간인 17회와 18회 수업에서는 수업에 대한 회상 및 평가 단계로 진행이 되었다. 17회 수업에서 학생들은 지금까지 연극수업이 어떠한 과정으로 진행되었는지 얘기해보고, 어떠한 수업이 제일 재미있었는지 얘기하였다. 학생들은 '런닝맨', '당신은 이웃을 사랑하십니까?', 연극 만들기 등의 활동을 얘기하였다. 그리고 주어진 설문지에 대한 응답을 하였다. 필자는 설문지의 문항을 학생들이 이해하기 쉬운 문항으로 구성하였고, 학생들의 이해를 위해 한자와 영어도 함께 표기하였다.

18회 수업에서 학생들은 교실 분위기와 또래관계를 타블로(tableau)로 만들어보았다. 특히 또래관계에 변화가 있었는지 알아보기 위해 이번 학기 수업이 시작되기 전, 수업 중, 그리고 수업이 끝난 뒤로 나누어 표현하게 하였다. 18회 수업시간이 방학 기간인데다가 이른 아침 시간이라 지각한 학생들이 많았다. 때문에 제시간에 수업에 참여한 학생들을 대상으로 활동을 진행하였다. 그들 중 순미와 선우는 또래관계 변화에 대해 본 프로그램 실행 전, 중, 후 똑같이 잘 지낸다고 하였다. 다른 학생들의 경우 프로그램 실행 후 더 많은 친구들하고 지내는 모습을 표현하였다. 또한 두 명씩 그룹을 지어 한 사람은 조각상이 되고 한 사람은 조각가가 되어 본 프로그램이 끝나고 난 뒤 느낀 점을 조각하게 하였다. 조각이 끝난 뒤에는 조각상 역할을 맡았던 학생들이 조각가로 역할을 바꾸어 마찬가지로 프로그램이 끝난 후 느낀 점을 조각하게 하였다. 이 활동을 할 때에는 지각한 학생들도 참여할 수 있었다. 대부분의 학생들이 신난다, 재미있다, 행복한 표정과 행동의 조각상을 만들었다. 소담이와 신걸이는 주먹을 불끈 쥐고 '파이팅'의 의미를 담고 있는 조각상을 만들었다. 순미는 수업이 너무 시끄럽고 소란스럽다며 두 손으로 귀를 막고 있는 조각상을 만들었다.

B. 예기치 못한 수업의 방향

3차 실행과정 중에 필자는 학생들에게 실제적이면서 동시에 흥미로운 학습

▲ 수업 후 학생들과 찍은 사진

자료와 방법들에 관한 고민이 많았다. 13회 수업에서는 연극 '학교 2014'의 내용과 유사한 상황으로 3회 수업에서 진행하였던 형식의 즉흥극을 진행하였다. 학생들에게 제시한 상황은 다음과 같다. B학생이 울고 있는 A에게 체육시간이라며 운동장에 가야 한다고 얘기하는데 A는 가기 싫다고 반응하고 이에 B는 지후가 괴롭혀서 그러는 것이냐고 묻자 A가 그렇다고 답하는 상황이다. 이런 상황으로 즉흥극을 하던 중 학생들이 주어진 갈등상황에 대해 문제를 해결하는 방식이 바람직하지 못하다는 것을 느꼈다. 관객이자 배우로 극에 개입한 학생은 A역할을 맡은 학생에게 학교를 그만두라는 해결책을 제시하였기 때문이다. 필자는 이러한 해결책보다는 다른 대안을 생각해보자고 회유하며 이 즉흥극에 참여하지 않았던 두 남학생을 A, B역할로 연기하게 하였다. 그런데 B역할을 맡은 장명이가 한국말로 즉흥극하기 힘들어 했고, A역할을 맡은 건석이 또한 무슨 말을 얘기해야 할지 모르겠다는 반응을 보였다. 그러자 관객인 학생들은 답답하다며 야유를 보냈다. 필자는 장명에게 어떤 점이 어려운지 물었고, 다른 학생들은 장명이가 매일 중국말로만 얘기하니까 한국어 실력이 늘지 않는 것이라는 반응을 보였다. 이후에 다른 학생들이 즉흥극을 하였는데 극에서 A역할을 맡은 순미가 B역할을 맡은 태철에게 운동장에 가기 싫어서 지후가 괴롭혔다고 거짓말을 한 것이라고 하였다. 순미의 말에 당황한 태철이는 선생님의 역할이 필요하다며 선생님의 역할을 등장시켰다. 그런데 순미가 선생님 역할을 맡은 앤디에게 태철이가 자신을 괴롭

| 그림 1 | 전체 수업과정 이해도

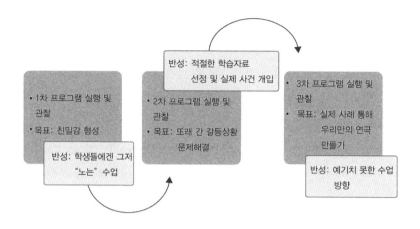

혔다고 얘기를 하여 즉흥극이 필자가 제시한 상황과 전혀 다른 방향으로 전개되었다. 그래서 필자는 즉흥극을 중단시켰다. 학생들은 그들이 맡은 역할이 추구해야 하는 목표를 정확하게 지각하지 못하여, 극의 방향이 엉뚱한 방향으로 흘러간 것이었다. 3회의 즉흥극 수업처럼 교사가 학생들에게 각각의 인물들이 추구해야 하는 목표를 정확히 알려주었다면 극이 엉뚱한 방향으로 흐르지 않았을 것이라는 반성을 하게 되었다.

[그림 1]은 본 연구에서 실행된 수업의 전체 과정을 요약한 것이다.

4) 프로그램 결과

프로그램 결과에서는 다문화 교실에서 교육연극을 활용한 또래관계 개선 프로그램을 실행하면서 발견된 사항들을 중심으로 기술한다. (1)에서는 학생들의 시각에서 본 프로그램에 대한 그들의 반응과 평가를 기술하며, (2)에서는 필자의 시각에서 본 프로그램이 또래관계에 어떠한 영향을 주었는지 기술한다. (3)과 (4)는 프로그램 실행에 영향을 준 변인들과 필자의 입장 및 갈등에 대해 논의한다.

(1) 학생 만족도

학생 만족도에서는 교육연극을 활용한 또래관계 개선 프로그램을 실행 후 학생들이 작성한 성찰일지와 설문자료를 분석하여 그 결과를 제시한다. 성찰일지와 설문지를 분석하는 이유는 학생들의 시각에서 본 프로그램이 또래관계 개선에 도움이 되었는지 알아보고자 함이다. 우선 내용비교 분석방법(Merriam, 2009)을 사용하여 성찰일지를 분석한 결과, 학생들의 팀워크와 협동심이 향상되었다. 팀워크는 팀의 구성원들이 공동목표를 달성하기 위해 각자 맡은 역할에 책임을 다하고 협력적으로 행동하는 것을 의미한다. 학생들은 Youth Theatre를 통해 그들의 팀워크가 향상되었으며, 수업이 진행될수록 더욱 견고해졌다고 하였다. 또한 그들은 그룹별로 블로킹을 그리는 작업을 할 때 협동심이 생겼다고 하였다. 더불어 친구를 배려하고 이해할 수 있는 마음이 생겼다고 말하였다. 협력적인 작업을 통해 그들은 서로를 배려하고 이해하게 된 것이다. 활동이 진행되는 기간 동안, 그들은 그룹별로 그들의 경험을 공유하며 가상의 이야기를 창조하고 발전시켜 대본을 만들었다. 그리고 연극으로 구체화시키는 과정에서 역할 안팎으로 의사소통을 하였다. 교육연극 작업을 통해 그들은 협동심이 향상되고 또래들 간의 신뢰가 쌓이게 된 것이다. 이러한 교수−학습활동은 연극을 완성하고자 하는 학생들의 공동의 목표 달성을 위해 협력적인 작업을 할 기회를 제공한 것이다. 맥너튼(McNaughton, 2011)은 교육연극의 핵심적인 교수법은 협력적이고 협동적인 학습을 위한 기회의 제공이라고 하였다.

프로그램에 참여한 18명의 학생 중 전학을 간 학생들을 제외하고 15명의 학생들이 제공된 설문지에 응답하였다. 프로그램의 마지막 회기에 참여한 학생들은 12명이었고, 이날 수업에 참여하지 못한 3명의 학생들(혜은, 영은, 죠앤)은 2014년 2학기 첫 연극수업 시간에 설문지에 응답하였다. 설문자료는 액셀 파일로 코딩한 후, 응답 내용별 빈도분석, 항목별 응답자 점수를 구하여 결과를 제시하였다. 설문자료를 분석한 이유는 학생들의 시각에서 본 프로그램이 또래관계 개선에 도움이 되었는지 알아보고자 함이었다. 학생들의 설문 결과는 다음과 같다.

첫째, 본 프로그램이 또래관계 개선에 도움이 되었음을 알 수 있다. 응답 내용별 빈도분석을 한 결과 15명의 학생들 중 3명의 학생이 '많이 도움이 되었다',

6명의 학생이 '어느 정도 도움이 되었다', 5명의 학생이 '도움이 조금 되었다', 1명의 학생이 '도움이 전혀 되지 않았다'고 응답하였다. 그리고 어떠한 활동이 또래관계 개선에 도움을 주었냐는 질문에는 5명의 학생이 '연극 만들기' 활동이 도움이 되었다고 응답하였으며, 2명의 학생은 '게임'이, 1명의 학생은 '역할극'이 도움이 되었다고 하였다. 또한 '모든 활동이 다 도움이 되었다', '그냥 그렇다', '모르겠다'고 한 학생 또한 각각 1명씩 있었다.

둘째, 본 프로그램을 통해 배운 점을 묻는 서술문항에서 학생들은 대체적으로 친구관계에 있어 필요한 것은 '노력'과 '연기'라고 적었다. 4명의 학생이 친구들과 잘 지내기 위해 '노력'을 해야 하며, 4명의 학생이 다양한 '게임'과 '연기'를 배웠다고 서술하였다. 그리고 '왕따'를 시키면 안 되고, '왕따'인 친구를 도와줘야 한다고 서술한 학생이 각각 1명씩 있었다. 또한 자신의 감정을 표현하는 방법을 배웠다는 학생과 친구의 마음을 알게 되었다는 학생 역시 각각 1명씩 있었다. 그 외에 '긍정의 마음'을 배웠다고 응답한 학생도 1명 있었다.

셋째, 본 프로그램이 실행된 후 친하다고 생각하는 친구와 개인적으로 연락을 하는 친구가 있는지 물어보았다. 프로그램 실행 후 친하다고 느낀 친구가 있는지 묻는 문항에서 '4명 있다'고 응답한 학생들이 3명 있었으며, '2–3명 있다'고 응답한 학생들이 6명 있었다. '1명 정도'로 응답한 학생은 3명 있었으며, '전혀 없다'고 응답한 학생이 3명 있었다. 프로그램 실행 후 개인적으로 연락하는 친구가 있는지 묻는 문항에서는 '4명 이상 있다'고 응답한 학생이 2명, '2–3명 있다'고 응답한 학생이 5명, '1명 정도'라고 응답한 학생이 2명, '전혀 없다'고 응답한 학생이 6명 있었다. 도출된 결과를 보았을 때, 학교에서 친하게 지내는 친구들은 늘어났어도 개인적으로 연락을 하며 지내는 친구들의 수가 늘어나는 것과는 정비례하지 않음을 알 수 있었다.

넷째, 프로그램이 실행되고 난 후 거부감을 가지고 있었던 친구가 있느냐는 질문에 10명이 '전혀 없다'고 응답을 하였다. 거부감을 가지고 있는 친구가 '2–3명 있다'고 응답한 학생 2명 중에 1명은 프로그램이 끝난 후 거부감이 사라졌다고 서술한 반면 나머지 1명은 모르겠다고 하였다. 거부감을 가지고 있었던 친구가 '한 명 있다'는 학생들 3명 중에 2명은 프로그램이 끝나고도 여전히 거부감을

| 그림 2 | 설문 결과: 친구에 대한 학생들의 애정

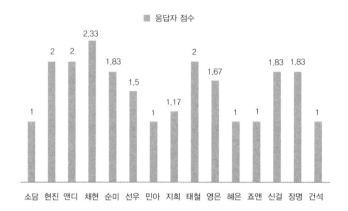

| 그림 3 | 설문 결과: 학생들의 친구기능

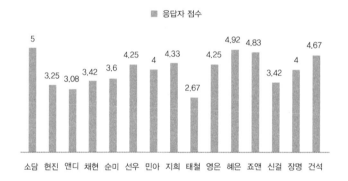

가지고 있다고 하였고, 1명은 거부감이 없어졌다고 하였다.

마지막으로 친구관계의 질을 측정하는 문항들은 두 개의 하위항목으로 나누어 질문했다. 친구에 대한 애정을 묻는 항목과 학생들의 친구의 기능을 묻는 항목이 그것이다. 대부분의 학생들은 친구에 대한 애정이 있으며, 친구가 그들에게 친구의 기능을 해 주고 있다고 응답하였다. [그림 2]는 친구에 대한 애정 항목의 응답자 점수를 그래프로 나타낸 것이다. 이 문항들은 4점 척도이며 1점이 '매우 그렇다', 2점이 '약간 그렇다', 3점이 '약간 아니다', 4점이 '매우 아니다'이다. 15명의 학생들 중 친구에 대한 애정과 만족감을 매우 느끼는 학생들은 6명이었다. 그리고 8명의 학생들이 친구에 대한 애정과 만족도를 다소 가지고 있었다. 즉, 대부분의 학생들이 대체적으로 친구에 대한 애정과 만족도를 가지고 있음을 알 수 있다.

[그림 3]은 학생들의 친구가 그들에게 친구의 기능을 어느 정도 하는지 평가한 점수를 그래프로 나타내었다. 이 문항들은 5점 척도이며, 5점이 '항상 그렇다', 4점이 '자주 그렇다', 3점이 '가끔 그렇다', 2점이 '거의 그렇지 않다', 1점이 '전혀 그렇지 않다'이다. 친구가 그들에게 자주 친구의 기능을 하고 있다고 응답한 학생은 15명 중 9명이었으며, 이 중 1명이 항상 친구가 자신에게 친구의 기능을 하고 있다고 하였다. 그리고 5명의 학생들이 가끔 친구가 자신에게 친구의 기능을 한다고 하였으며, 1명의 학생이 친구가 자신에게 거의 친구의 기능을 하지 않는다고 응답하였다. 즉, 학생들 중 2/3 가량이 그들의 친구가 자신에게 친구의 기능을 하고 있다고 응답하였다.

(2) 실행된 프로그램의 효과

실행된 프로그램의 효과에서는 제 4, 5장에서 기술된 교육연극을 활용한 또래관계 개선 프로그램의 전체 실행과정을 통해 서두에서 제기된 연구문제에 답하고자 한다. 이를 위해 수집된 필자의 관찰노트, 수업 녹음파일과 동영상, 교사, 학생들과의 면담자료, 학생들의 성찰일지와 학습활동 자료, 설문지 자료를 '주제별 약호화'(Glaser & Strauss, 1967; Werner & Shoepfle, 1987) 방식으로 분석하여 그 결과를 제시한다.

필자는 본 프로그램을 계획하고 실행하는 내내 '이 프로그램이 또래관계 개선에 도움을 줄 수 있을까?'라는 질문을 안고 지냈다. 그러나 학생들과 수업시간에 주고받았던 대화의 내용들, 학생들이 성찰일지에 남긴 글과 연극을 하면서 나눈 이야기들을 통해 이 프로그램이 또래관계 개선에 도움을 주었다고 판단해 이를 정리하게 되었다. 그리하여 교육연극을 활용한 또래관계 개선 프로그램의 교육목표와 관련 지어 프로그램의 효과성은 거시적 관점에서 다음과 같이 논의되었다.

A. 또래관계의 다양화

본 프로그램의 실행 이후 참여 학생들의 또래관계는 프로그램 실행 이전보다 다양한 관계로 형성되어 있었다. 이것은 학생들이 친한 친구로 생각하는 집단에 속해 있는 친구들의 수가 소수에서 다수로 늘어났음을 의미한다. 이러한 사실은 학생들의 자료에서 더욱 구체적으로 확인되었는데, 이 자료는 17회 수업에서 학생들이 설문지를 작성한 이후에 그린 그림들이다. 프로그램 실행 전후 또래관계의 변화를 알 수 있는 자료들이었다.

[그림 4]의 상단 좌측 그림은 채현 학생이 프로그램 실행 전 예비연구가 진행되었을 당시와 프로그램 실행 후인 현재의 또래관계 모습을 비교하여 그린 그림이다. 예비연구가 진행되었던 1년 전의 상황을 묘사한 그림을 보면 세 그룹으로 또래그룹이 형성된 것을 알 수 있다. 한 그룹에는 채현이, 지금은 고등학생이 된 학생과 혜은이가 있었고, 다른 그룹에는 소담이와 민아가, 또 다른 그룹에는 지금은 전학을 간 여학생 둘이 있었다. 하지만 현재는 하나의 그룹이 있으며, 그

| 그림 4 | 학습자 자료

그룹에는 채현이를 포함하여 죠앤, 혜은, 소담, 민아 학생이 있다. 본 프로그램이 실행되기 전에는 각각의 그룹이 그 그룹의 구성원들끼리만 지낸 반면, 프로그램 실행 후에는 하나의 그룹으로 다 같이 친하게 지내고 있음을 알 수 있다.

상단 우측 그림은 건석 학생이 그린 그림으로, 작년에는 네 그룹으로 나누어 각각 그룹의 구성원들끼리 어울리는 반면 프로그램 실행 후에는 모든 학생들이 한 그룹으로 지내고 있음을 표현하였다. 마찬가지로 아래 그림을 그린 지희 학생 역시 프로그램 실행 초기에는 본인이 그린 그림에서처럼 지희와 같은 나라에서 온 현진이와 함께 어울렸다. 그러나 학기가 끝날 무렵에는 지희도 여러 명의 다른 친구들과 어울려 지냈다.

또한 현진이는 프로그램 실행 전에는 지희하고만 어울리는 모습을 그렸고, 프로그램 실행 후에는 지희, 소담, 민아, 채현이와 어울리는 모습을 그림으로 그렸다. 반면 민아, 소담, 순미, 선우의 그림은 프로그램 실행 전후 동일하게 또래들과 잘 지내는 모습을 그림으로써 또래관계에 변화가 없음을 보여주었다. 즉, 새로 전학 온 학생뿐 아니라 기존에 재학 중이던 학생들도 프로그램 실행 후 다소 좁았던 또래관계의 폭이 넓고 다양해졌음을 알 수 있다.

이처럼 학생들이 지각한 그들의 또래관계 변화에 덧붙여 필자의 시각에서 학생들의 또래관계가 어떻게 변화하였는지 [그림 5]로 나타내었다. 다만 프로그램

| 그림 5 | 또래관계의 변화

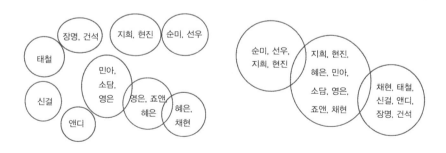

실행 중 전학을 가게 되어 수업에 1회, 혹은 3, 4회 참여한 학생들의 또래관계는 필자가 파악하기 힘들다고 판단되어 그 학생들의 또래관계는 그림에서 제외되었다. 또한 이 그림은 학생들의 의견이 반영되어 동의를 얻은 결과물이다. 필자가 학생들로부터 동의, 비동의 여부를 확인 받은 이유는 필자의 시각에서 바라본 학생들의 또래관계 변화가 실제 그들의 또래관계와 얼마나 근접하게 표현되고 분석되었는지 확인하기 위함이었다.

B. 또래 간 문제 해결을 위한 정서적 공감

학생들은 주어진 허구의 갈등을 해결하기 위하여 그 상황의 인물에게 정서적 공감을 하게 된다. 이 때 교육연극은 학생들로 하여금 가상의 인물과 상황에 공감과 감정이입을 하게 한다(McNaugton, 2011). 프로그램 실행 전의 학생들은 또래 간 문제가 생기면 진심을 담아 사과하는 것이 아니라 윤리적으로 그 문제를 해결하려고 하였다. 작년의 경우 학생들은 호련 학생이 하는 행동을 보고 비웃으며 호련과 같은 그룹에서 활동하기를 꺼려했다. 호련 학생이 울면 학생들은 그런 호련의 눈치를 보며 누가 잘못을 하였냐며 빨리 화해하라고 종용하곤 했다. 또 호련이가 화난 상태가 아닌데도 복도에 혼자 있다는 이유로 학생들은 호련이가 화난 줄 알고 누가 사과해야 하냐며 빨리 사과하라고 하였다. 아래는 작년 예비연구를 실행할 당시 필자가 학생들의 말과 행동을 관찰하여 작성한 현장노트 내용이다. 기술된 이름은 올해 본 프로그램에 참여한 학생들의 이름과 동일함을 밝혀둔다.

> (중략) 호련은 내 기분 생각해봤냐며 내가 무슨 독약이라도 되냐면서 울었다. 소담이가 건석에게 눈치주면서 호련에게 미안하다고 말하라고 하니까 건석이는 사과를 하지 않는다. 다른 여자애들이 미안하다고 한 마디씩 하자, 건석 등 남학생들이 호련에게 미안하다고 하였다.
>
> (필자의 현장노트 중에서)

> 용용(필자의 말: 작년 수업에 참여하였던 남학생)이는 호련이가 혼자 복도에 있는 모습을 보고 호련이가 화가 난 줄 알고 누나(필자의 말: 호련)한테 누구 사과하라고 한다. 애들은 누가 사과해야 하냐며 누구냐고 묻는다.
>
> (필자의 현장노트 중에서)

역할극을 통해 학생들은 또래에게 소외당하는 입장이 되어보기도 하고, 또래를 소외시키는 입장이 되어보기도 하였다. 혹은 다른 그룹의 역할극을 보면서 그러한 상황을 관찰하는 기회가 있었다. 이러한 과정 속에서 그들은 소외를 당하는 가상의 인물에게 동일시를 하여 감정 이입을 하였다. 그리고 그들은 또래와 싸웠던 자신의 경험을 환기시켜 자신의 행동을 반성하였다. 뿐만 아니라 그들은 소외당하는 인물과 소외를 시키는 인물에게 편지를 써서 주어진 문제 상황을 해결하려 하였다. 이는 작년의 모습과는 다르게 극의 인물에 정서적인 공감을 하여 문제를 해결하려고 하는 양상이다.

> 느낀 점: 소외하면 어렵고, 힘들고, 상처가 커진다.
> 배운 점: 소외시키면 나도 나중에 당하게 된다.
> (중략) 정화(필자의 말: 극 중 소외당하는 인물의 친구임)야, 너무 무시하지 말고! 정선(필자의 말: 극 중 소외당하는 인물임)이에게 좀 카톡 해 주거나, 애들 몰래 챙겨줘.
>
> (6회 수업에 대한 죠앤의 성찰일지)

(3) 프로그램 실행에 영향을 준 변인들

프로그램 실행에 영향을 준 변인들에서는 프로그램에 대한 성찰과 관련하여 프로그램 실행 과정에 긍정적이든 부정적이든 영향을 준 변인들을 고찰하였다. 교육연극을 활용한 또래관계 개선 프로그램에 영향을 준 변인은 크게 프로그램의 내적 변인들과 외적 변인들로 나눌 수 있었다. 프로그램의 내적 변인에는 필자의 고정관념, 학습자의 성격과 한국어 능력, 필자가 예기치 못한 학생들의 반응이 있었으며, 프로그램의 외적 변인으로는 학습자의 가변적인 재학 기간, 수업 시간의 변동과 공간의 제약, 학교의 물리적 환경이 있었다.

A. 프로그램 내적 변인들

프로그램 실행 과정에는 프로그램의 내적 변인들이 큰 영향을 주었는데, 그중 하나가 필자의 고정관념이었다. 고정관념은 개인이나 집단에 대한 특정한 관점을 기준으로 개인의 능력은 무시되고, 개인이 그 집단의 구성원이라는 이유로 개인의 능력을 특정 범주로 일반화시키는 관념을 일컫는데(Johnson & Johnson,

2010), 필자는 다문화 학생들에 대한 고정관념을 가지고 있었다. 2012년부터 다문화 학생들을 대상으로 연극수업을 진행해 온 입장이었지만, 그들을 다문화 학생이라는 특정 집단으로서만 고려하여 학습과제 해결 능력이 일반 학생들보다 낮을 것이라고 판단하였다. 그리하여 프로그램의 초기 단계에서 필자는 중학생이 아닌 초등학교 저학년 수준의 권장 텍스트를 활용하여 프로그램을 진행하였다. 그 결과 학생들은 서적의 내용이 '유치하다'는 반응을 보였다. 물론 학생들마다 한국어 능력이 달라 텍스트의 내용을 전혀 이해하지 못하는 학생도 존재했기에, 그럴 경우 또래 학생들이 내용을 이해하도록 자발적인 도움을 주었다. 따라서 필자는 다문화 학생들에 대한 필자의 고정관념에 대해 성찰하고, 프로그램을 실행하면서 그들의 학습과제 해결 능력이 비(非)－다문화 학생들의 능력과 비슷할 수 있다고 생각하였다. 그리하여 실제 사례를 접하여 문제를 해결하도록 하는 수업에서는 중학교 수준의 사례를 선정하여 과제를 해결하도록 하였다.

그리고 학생들의 성격 또한 프로그램 실행에 영향을 끼쳤다. 학생들 중에는 프로그램 실행에 적극적으로 협조를 하였던 학생들이 있는 반면 소극적으로 협조를 하였던 학생들도 존재했다. 프로그램 실행에 적극적으로 협조를 하였던 학생들 대부분은 성격이 활발하고 적극적이며 '목소리가 큰' 학생들이었다. 그 학생들은 주로 여학생들이었는데, 소담, 민아, 영은 학생이다. 이 중 소담 학생은 친하게 지내는 친구 집단의 학생들 중 가장 목소리가 크며 주도권을 가지고 있었던 학생이었다. 필자가 수업 중 질문을 하면 항상 이 학생들만 대답을 하곤 하였다. 반면 프로그램에 소극적으로 협조를 한 학생들은 대부분 남학생들이었다. 프로그램에 참여한 학생들의 남녀비율은 비슷했지만, 여학생들이 상대적으로 목소리가 크고 성격이 활발하며 주도권을 잡고 있어 상대적으로 위축된 남학생들은 의사표현을 잘 하지 못하였다. '목소리가 큰' 학생들이 의견을 제시한 경우, 다른 학생들은 그 의견이 본인들의 의견인 것 마냥 수긍하였다. 그래서 목소리가 크고 성격이 활발한 학생들의 의견이 적극적으로 받아들여져 프로그램 실행에 영향을 주었다고 할 수 있다.

또한 학생들의 한국어 능력이 프로그램 실행에 영향을 주었던 것으로 나타났다. 학생들의 한국어 능력 수준은 제각기 달랐다. 학생들 중에는 한국말을 아주 잘하고 글쓰기도 잘해 일반 학교에서 수업을 듣기에 전혀 무리가 없는 학생들이 있는가 하면, 대화를 하는 데 지장은 없지만 그들의 생각을 구체적으로 표현하지 못하고, 글쓰기를 할 때 어휘와 문법의 사용이 서툰 학생들이 있었다. 또한 소수이긴 했지만 교사로서 간단한 대화조차 시도하기 힘든 학생도 있었다. 이런 학생의 경우 같은 모국어를 사용하는 학생들이 번역을 해 주었다. 그리고 쓰기 능력이 부족한 학생들을 위해 필자는 그들이 표현하고자 하는 것을 성찰일지에 대신 써주기도 하였다. 그러나 한국어 수준이 비슷하게 낮은 학생들 간의 활동에서 나타난 언어능력은 프로그램 실행에 영향을 주었다. 하지만 이러한 경우가 교사로서 수업을 진행하기에 크게 방해요인으로 작용하지는 않았다. 하지만, 필자가 활동에 대한 설명을 할 때마다 필자의 말을 이해하지 못하는 학생들을 위해 또래들이 번역을 하는 탓에 활동 시간이 지체되곤 하였다. 결국 학생들의 한국어 능력이 프로그램 실행에 영향을 주었다고 할 수 있다.

본 프로그램을 실행하는 과정에 있어 필자가 예기치 못한 반응들도 있었다. 예를 들어, 필자가 예상했던 방향과 다른 방향으로 활동이 진행된 경우가 있었다. 13회 수업 중 관객이 개입하는 즉흥극 활동에서 순미 학생은 필자가 제시한 극의 상황과 전혀 다른 엉뚱한 상황으로 극을 전개하였다. 이때 다른 학생들은 순미의 '기발한' 아이디어로 재미있어 했지만, 필자는 예상치 않은 극의 방향에 당혹스러웠다. 그래서 필자는 극을 중단시키고, 다른 두 학생(장명, 건석)을 극에 개입시켰다. 그러나 극에 개입된 장명, 건석이가 언어적 장벽으로 인해 즉흥극에 참여하는 것에 난색을 표했다. 이때 관객인 학생들은 답답하다며 연기를 하지 않을 거면 자리로 들어오라고 야유를 보냈고, 이 때문에 두 학생은 심리적으로 위축되었다. 학생들은 이 두 학생들에게 매일 중국어로 얘기하니까 한국어가 늘지 않는다고 하고, 순미는 한국말을 왜 저렇게 못하고 아이디어가 저렇게 없냐며 답답해했다. 이는 과거 자신이 가지고 있던 한국어 실력은 망각한 채, 다른 학생이 한국어를 못한다고 비난하는 모습이었다. 13회 수업이 끝난 후 건석이의 성찰일지에는 자신은 한국말을 못하며, 한국말을 잘해서 무시를 받지 않겠다고 적혀 있었다.

프로그램 실행 과정에서 대부분의 학생들은 또래들에게 도움을 주며 협력하였다. 하지만 소수 학생들의 한국어 능력과 표현 능력으로 인해 활동 시간이 지연되면서, 사소한 비난이긴 하지만 실질적으로 또래 간 갈등이 야기되었다. 이렇게 예기치 못한 반응으로 인해 필자는 진행하고 있던 활동을 중단할 수밖에 없었다. 이러한 경우, 교사들은 일어날 수 있는 모든 행동들을 염두에 두어야 하며, 열린 가능성 속에서 수업이 진행되고 있음을 지각하여야 한다(O'Neill, 2001).

B. 프로그램 외적 변인들

프로그램 실행에 영향을 주었던 외적 변인으로는 학습자의 가변적인 재학 기간, 수업시간의 변동과 공간의 제약, 학교의 물리적 환경을 들 수 있다. 위탁형 대안학교 학습자의 경우, 전입과 전출 사이의 기간이 일반학교에 비해 짧다. 특히 이 학교의 경우 작년부터 지속적으로 재학 중인 학생들도 있지만, 개인의 사정으로 인해 학교를 지속적으로 다니지 못한 학생들도 있었다. 본 연구에 참여한 18명의 학생들 중 한 명은 1회 수업에만 참여하고 일반학교로 전학을 갔다. 그리고 개인 사정으로 불가피하게 두 달만 수업에 참여하고 홈스쿨링을 하게 된 학생도 있었고, 전학 온 지 한 달만에 다른 학교로 전출을 간 학생들도 있었다. 이렇게 짧은 기간 재학을 한 학생들의 경우 또래들과의 친밀감 경험, 특성 등을 파악하기 어렵다.

그리고 학교에서 자체적으로 시행하는 캠프, 축제 등의 행사로 인해 수업 날짜와 시간이 변동되곤 하였다. 그때마다 필자는 프로그램의 일정을 조율하여 수업을 진행했다. 또한 수업 공간이 협소하여 발생되는 문제점들이 있었다. 보통 교실에서 교육연극 수업을 할 경우, 책걸상을 교실 한쪽으로 치워 보다 넓은 공간이 확보되어야 하지만, 달빛 중학교 교실의 경우 교실 공간이 협소하여 교실 앞 복도에서 대부분의 수업을 진행할 수밖에 없었다. 거실에서 연극놀이 활동을 진행하던 중 예비반 선생님께서 시끄럽다고 하셔서 진행하던 활동을 중단하고 교실에 가서 수업을 해야 한 적도 있었다. 그리고 즉흥극이나 연극 연습을 할 때에는 학생들이 공간이 좁다며 다른 교실을 이용하기도 하였다. 즉, 사용할 수 있는 공간이 협소하여 프로그램 운영에 지장을 주었던 것이다.

또한 학교의 물리적 환경이 프로그램의 실행에 영향을 주기도 하였다. Youth Theatre를 진행할 때, 연극에 어울리는 음악을 학생들이 선정하여 그 음악을 사용하였다. 연극 연습과 공연은 복도에서 이루어졌는데, 음악을 틀기 위해 교실에 있는 컴퓨터를 사용해야만 했다. 그런데 컴퓨터로 음악을 틀게 되면, 스피커가 없기 때문에 활동이 이루어지는 복도에서 음악이 들리지 않는다는 문제점이 있었다. 그래서 필자는 할 수 없이 필자의 핸드폰으로 음악을 틀어 연극 연습과 공연에 음악을 사용하였다. 이처럼 연극 만들기 활동을 할 경우, 교사들은 학교의 물리적 환경 또한 고려하여 프로그램을 진행하여야 한다.

(4) 필자의 입장 및 갈등

A. 교수자의 개입 정도

필자는 본 연구에서 프로그램의 기획자, 교수설계자, 교수자, 필자로서 다양한 역할을 이행하였고, 이러한 역할들 한가운데서 수많은 고민과 갈등을 가지고 있었다. 특히 교수자로서 수업 상황의 개입 정도에 대한 고민을 가지고 있었는데, 학생들의 다양한 의견을 그대로 존중해야 하는지, 혹은 교수학습 목표를 달성하기 위해 적극적으로 개입하여 학생들의 행동을 변화시켜야 할지 스스로 갈등을 안고 있었다.

교육연극 분야에서는 교수자의 개입 정도와 관련하여 두 입장이 대립하고 있다. 학생들의 창의성 발달을 강조하며, 자기표현이 학생들을 자연스럽게 성장시켜주므로 교사들은 수업에 조금만 개입하면 된다는 입장이 있다(O'Neill, 2001). 그러나 학생들은 창의성을 발휘할 기회가 생겨도 이미 아는 것을 만들기 때문에 교사의 적극적인 개입이 필요하다는 반대의 입장도 있다(O'Neill, 2001: 51).

본 프로그램 실행 과정 중 필자는 교수자로서, 본인이 수업에 어느 정도 개입해야 하는지 고민을 하였다. 예를 들어, 8회 수업에서 실제 중학교 현장에서 발생한 사례의 문제를 해결하는 활동을 하였을 때, 갈등에 대한 해결책이 바람직하지 않은 방향으로 제시된 채 수업이 종결된 적이 있었다. 세 그룹 중 두 그룹은 가해자들이 갑자기 피해자와 좋은 관계를 형성하게 되었다는 결말을 제시하였다. 특히 한 그룹의 학생들은 보알(Boal)이 언급한 '마법'의 해결책처럼 다소 비현실적이고 불가능한 대안을 제시하였다. 이에 대해 바비지(Babbage)는 해피엔딩으로 현실적이지 않고 만족할만한 해결책도 아니며 불가능한 해결책이어도, 연극이 그 자체로 중요한 기능을 수반할 수 있다고 하였다(Babbage, 1996: 6).

여기서 필자는 예기치 못한 학생들의 반응에 교수자로서 교육목표의 달성을 위해 적극적으로 개입해야 하는 것인지, 혹은 교육연극 실천가로서 학생들의 다양한 의견에 존중을 해줘야 하는지 고민을 하게 되었다. 어떻게 보면, '교육연극의 목표'와 '교수학습방법으로서 교육연극의 목표'를 달성하는 데 있어 교수자의 개입 정도가 다르다고 할 수 있다. 이에 대해 필자는 프로그램 종료 후 교육목표 달성을 위해 교수자가 적극적으로 개입하는 방식이 옳다고 생각한다. 바비지(Babbage, 1996)의 의견과 다르게 학생들이 제시한 결말이 나름 독창적이고 창의적이라고 할지라도, 학생들이 현실적이고 만족할만한 해결책을 생각할 수 있도록 교수자가 수업에 적극적으로 개입하는 교수전략이 필요하다는 입장이다. 그렇다고 학생들이 제시한 해결책이 비현실적이기 때문에 그들의 의견을 무시해야 한다는 뜻은 아니다. 필자가 학생들에게 다른 시각에서 생각해 볼 수 있도록 질문을 했더라면 학생들은 그들이 생각해 낸 해결책 이외에 다른 대안을 제시하였을지도 모르기 때문이다.

이처럼 교수자로서 학생들의 다양한 의견을 허용해야 할지, 혹은 교육은 인간 행동의 계획적인 변화이기 때문에(정범모, 1968) 필자가 의도한 목표 달성을 위해 수업에 적극적으로 개입해야 하는지 쉽게 결정을 내리지 못했다. 프로그램 초기 단계에서, 학생들이 제시한 의견이 무엇이든지 적극적으로 반영했기 때문에 애초에 필자가 의도한 대로 프로그램이 실행되지 못한 적도 있었다. 하지만, 프로그램이 진행되면서 학생들과 함께 역할을 맡아 적극적으로 수업에 개입하였다. 그 결과 학생들의 또래관계는 다양해졌으며, 그들이 맡은 역할에 정서적 공감을 하여 반성적 사고를 하였다. 이처럼 프로그램 실행 과정에서 교수자의 개입 정도에 따른 어려움을 겪었지만, 결과적으로 교수자가 의도한 교육목표를 어느 정도 달성하였다고 할 수 있겠다.

B. 교수자와 필자의 역할 갈등

본 연구 방법인 액션 리서치의 특성상 필자는 필자와 교수자 둘 다의 역할을 취함으로써 두 입장 중 어느 입장에 주안점을 두고 프로그램을 진행해야 할지 곤혹스러웠다. 필자가 교수자의 입장에 주안점을 둔 경우에는 학생들에게 보다 많은 자유를 제공하였다. 학생들은 수업 공간으로 정해진 교실과 복도 이외에도 예비반 교실과 야외에서 장면 연습을 하기를 원했다. 그래서 필자는 그들에게 다양한 곳에서 연습하도록 허락하였으며, 학생들이 필자의 시야 밖에서 연습하는 경우에는 그 학생들의 활동 모습들을 비디오 자료로 남기지 못하는 경우도 발생했다. 이는 필자가 교수자의 입장에만 충실하여 생긴 문제라고 할 수 있겠다. 뿐만 아니라, 학생들이 너무 시끄럽고 산만하여 프로그램의 순조로운 진행을 위해 명상 등을 통해 학생들을 통제하기도 하였다. 그러다 보니 수업의 방향이 본래 의도했던 방향과 달라진 적도 있었다.

특히 필자와 학생들은 필자와 연구대상으로서의 관계, 혹은 사제관계가 아닌 다소 친밀한 관계를 유지하고 있었다. 그렇기 때문에 학생들이 연극놀이 활동만을 하길 원하였을 경우, 필자는 필자의 입장을 망각하고 학생들과 친밀한 교수자로서 학생들이 원하는 방향으로 수업을 진행했었다. 학생들이 원하는 방향으로 수업이 진행되다 보니, 프로그램을 순조롭게 진행해야 히는 필자의 입장에서는 어려움이 있었다.

5) 결론

결론에서는 본 프로그램의 실행 결과를 요약하며, 교수학습방법으로서 교육연극의 활용방안과 시사점을 도출한다. 또한 본 프로그램의 제한점 및 후속 연구를 위한 제언이 논의된다.

본 프로그램의 실행 결과를 요약하면 다음과 같다. 첫째로 교육연극을 활용한 또래관계 개선 프로그램을 통해 다문화 학생들의 또래관계가 다양해졌다. 학생들은 다양한 연극놀이와 즉흥극, 연극 만들기 등의 활동을 통해 친하다고 생각하는 친구의 수가 양적으로 증가하였다. 그리고 학생들은 주어진 허구의 상황과 인물에 정서적 공감대를 형성하였으며, 그들의 과거 경험을 환기시켜 반성적 사고를 하였다. 이것은 그들로 하여금 주어진 가상의 문제를 해결하도록 이끌었으며, 사회적 기술을 습득하는 데 큰 도움을 주었다고 할 수 있다.

그리고 프로그램을 실행하는 동안, 프로그램의 내·외적으로 영향을 준 변인들이 존재했다. 프로그램 내적 변인들로는 다문화 학생에 대한 필자의 고정관념이 있었으며, 학습자의 성격과 한국어 능력, 그리고 예기치 못한 반응이 있었다. 필자는 본 프로그램에 참여한 학생들이 중학생이더라도 다문화 학생들이기에, 그들의 학습과제 해결 수준은 연령에 비해 낮을 것이라는 고정관념이 있었다. 그리고 적극적이고 활발하고 '목소리가 큰' 학생들의 의견이 적극적으로 반영되어 프로그램이 진행되곤 하였다. 또한 제각기 다른 한국어 능력을 지니고 있는 학생들이었기에, 교사와 학생 간에 대화가 이루어지기 힘든 경우에는 같은 언어를 사용하는 학생들이 번역의 도움을 제공해주어 수월한 점도 있었지만, 때문에 프로그램 진행이 지체되기도 하였다. 그리고 소수 학생들의 한국어 능력과 표현 능력 등 예기치 않은 상황이 발생하여 필자가 의도했던 수업의 방향과 다른 방향으로 수업이 진행된 적도 있었다.

본 프로그램 실행에 영향을 준 프로그램 외적 변인들로는 학습자의 가변적인 재학기간, 수업시간의 변동, 공간의 제약, 그리고 학교의 물리적 환경이 있었다. 일반학교와 달리 다문화 대안학교의 경우, 학습자의 전입과 전출 사이의 기간이 짧기 때문에 본 프로그램에 짧은 기간 동안 참여한 학생들의 경우 다른 학생들에 비해 또래관계에서의 친밀감 경험과 특성을 파악하기 힘든 점이 있었다. 그리고 수업시간의 변동으로 인해 필자는 지속적으로 프로그램의 일정을 조율해야 했으며, 협소한 공간과 학교의 열악한 시설이 프로그램 운영에 영향을 주었다.

뿐만 아니라, 교육연극을 활용한 액션 리서치를 수행함에 있어 필자는 교수자와 필자, 이 두 입장 간의 갈등이 이 연구방법에 내재되어 있음을 파악하게 되었다. 그리고 이러한 갈등은 또래관계 개선이라는 목표를 달성하기 위해 교육연극을 교수학습 방법으로서 활용하는 입장과 학생들의 다양한 요구를 수용하는 정도 간의 접점을 찾는 것에서 기인하는 것으로 나타났다.

교육연극의 활용 방안은 다음과 같다. 첫째로 교육연극 안에는 많은 학문과 교과들이 수용될 수 있다. 최근 교육연극을 활용한 논문들을 보면, 교육연극에 대한 이론적 소개와 더불어 실천적 적용까지 포괄적으로 논의를 정리했음을 알 수 있다(성민정, 2011). 특히 국어과목에서 소설이나 희곡 등 교과서 특정 제제를 교육연극 방법으로 가르칠 수 있다는 연구가 가장 많으며, 이 경우 교육연극을 교과서 학습목표에 도달하기 위한 도구로서 사용할 수 있다(변윤정, 2001). 학생들의 말하기, 읽기, 듣기 능력의 배양을 목표로 수업이 진행될 수 있으며, 사회과목에 활용될 경우 연극 속 인물의 역할을 취함으로써 '다름'에 대한 이해, 문화 간 이해교육을 목표로 활동이 진행될 수 있다.

둘째로 교육연극은 창의적 체험활동이나 방과 후 수업에도 활용될 수 있다. 창의적 체험활동이나 방과 후 수업에 교육연극을 활용하기 위해서는 일회성의 수업보다는 최소 10회 이상 정기적인 수업이 효과적일 것으로 보인다. 특히, 학교폭력예방 교육을 위해 문학작품, 사회 쟁점 등을 소재로 활용할 경우 학생들은 쟁점에 대해 합리적 입장을 세우고 의사결정을 할 수 있는 능력을 기를 수 있다(구민정·권재원, 2008). 이처럼 교육연극은 다양한 교과목과 주제들을 학습하기 위한 도구로 사용될 수 있으며, 앞으로 끊임없는 실제 수업을 통해 새로운 지평을 확장해 나갈 것이다.

셋째로 학생들의 친밀감 형성을 위해 교사는 도입 단계에서 다양한 연극놀이들을 제공할 수 있다. 학생들의 또래 관계가 다양해지기 위해서는 학생들 간에 친밀감 형성이 우선시되어야 한다. 이를 위해 교사는 도입 단계에서 다양한 연극놀이들을 제공할 수 있다. 필자 또한 도입 단계에서 학생들에게 다양한 연극놀이를 제공하였다. 학생들끼리 서로 잘 알지 못하는 경우, 서로에 대해 관심이 없거나, 신뢰가 부족한 학생들을 대상으로 수업할 경우 신체 접촉을 요구하는 연극놀이는 학생들 간에 신뢰를 구축해주고, 친밀감을 형성하도록 해준다(Kempe & Winkelmann, 1998).

연극놀이는 언어적인 의사소통을 대체할 수 있는 방법으로 사용할 수 있기 때문에 한국어 능력 수준이 다양한 다문화 학생들에게 더욱 좋은 학습활동이라고 할 수 있다. 그리고 이러한 활동은 규칙을 기반으로 하고 있다. 연극놀이와 드라마 활동은 학생들에게 대상과 상황에 대해 '~인 척' 하고 역할에 몰입하게 하며 그들 간의 상호작용을 요구한다(O'Neill, 2001). 연극놀이 활동은 규칙들이 미리 명시되지 않더라도 적절한 행동의 규칙들을 이미 내포하고 있다. 그러므로 학생들이 규칙에 맞게 행동하도록 교사는 그들이 활용할 연극놀이의 규칙들이 무엇인지 미리 확인한 후 학생들에게 연극놀이의 규칙을 인지시켜야 할 것이다.

넷째로 교사는 또래 간 문제를 효과적으로 해결하는 데 있어 다양한 질문 기법을 활용할 수 있다. 본 연구에서 학생들은 역할극을 통해 허구적 상황의 인물에 동일시하여 감정이입을 하였으며, 자신의 경험을 환기시켜 행동을 반성하였다. 그리고 이것은 문제 상황의 해결로 이어졌다. 학생들이 또래 간 문제를 해결하기 위해 교사는 계획적인 질문을 사용해야 한다. 필자는 이미 알고 있는 정보를 학습자에게 확인하기 위해 일부러 그 정보에 대해 모르는 척 질문을 하였다. 그리고 필자의 중학교 시절의 경험들을 공유하며 가상의 갈등 상황을 학생들의 실생활 문제로 전이시키려 하였다. 이러한 질문에는 학생들에게 정보를 구하고 학생의 흥미를 평가하는 질문, 정보를 제공하는 질문, 해결책으로 연결하는 질문, 분위기와 감정을 확립하는 질문, 신념을 확립하는 질문, 통찰력을 심화하는 질문 등이 있다(Wagner, 1999). 이렇게 교사가 주의 깊게 계획된 질문을 사용함으로써 학생들은 학급의 분위기를 조성하고, 정보를 제공받고, 동기가 유발되어 활동에 몰입할 수 있는 것이다. 이는 교사가 학생들에게 지식을 주입하는 것이 아니라, 반성적 사고를 통하여 그들 스스로가 자신의 지식을 체득화하도록 할 때 유연하게 이루어진다(정성희, 2006).

다섯째로 교사는 학생들이 역할 속 인물로 동일시하도록 '역할 속 교사' 기법을 활용할 수 있다. 본 연구에서 학생들은 필자가 극 속의 역할로서 학생들과 같이 작업에 참여하는 과정에서 친밀감을 더욱 느끼게 되고, 이로 인해 필자와 학생들 간의 관계뿐만 아니라 학생들 간의 관계도 돈독해질 수 있었다. 만약 교사가 '역할 속 교사'를 처음 시도한다면 교사는 권위적인 역할을 맡는 것이 좋다. 이러한 역할은 역할 속 인물들을 통제하는 역할로 교사의 평소 역할과 비슷하기 때문이다(O'Neill, 2001). 교사들이 높은 지위의 역할에 익숙해지면, 그 다음에는 학생들과 동등한 지위의 역할을 채택할 수 있고, 학생들의 지위보다 낮은 지위의 역할도 선택할 수 있다. 교사가 학생들과 동등한 지위의 역할을 취할 경우 교사는 드라마에 대해 학생들이 책임감을 갖도록 해야 한다(O'Neill, 2001). 그리고 교사가 취하게 되는 여러 지위의 역할들은 극적 맥락과 상황에 따라 적절하게 사용되어야 한다.

여섯째로 교사는 교사의 역할뿐만 아니라 극작가로서의 역할을 이행할 수 있다. Youth Theatre 작업을 통하여 학생들은 스스로 대본을 만들고 역할을 정하여 역할 속 인물을 구체화하여 재현하였다. 본 연구에서 학생들 스스로 만든 대본에 필자는 대사를 약간 수정하였고, 전학을 간 학생들로 인해 역할이 바뀌게 된 경우 대본을 조금씩 수정하기도 하였다. 그 후 수정된 내용들을 학생들에게 검토하게 한 후 학생들의 동의를 거쳐 최종 대본이 나오게 되었다. 다만 학생들이 연극 대본을 스스로 만들지 못할 경우에는 교사가 극작가로서 연극 대본을 만들 수 있다. 이러한 경우에 학생들이 교사에게 너무 의존하지 않도록 학생들의 이야기를 연극에 최대한 포함시키는 것이 중요하다. 그들의 생각을 최대한 반영하여 교사는 학생들과 함께 예술가로서 작업해야 하는 것이다(O'Neill, 2001).

마지막으로, 교사는 지시형의 교수법보다는 학생들이 그들 학습에 대한 주인의식을 갖도록 격려해주는 교수법을 활용하는 것이 좋다. Youth Theatre 활동 중에 필자는 학생들에게 '이렇게 하고, 여기에서는 이렇게 해야지' 식의 지시를 하지 않고, 학생들이 스스로 고민하여 해결할 수 있도록 격려와 용기를 주었다. 그 결과, 학생들은 연극 발표라는 공동의 목적을 달성하기 위해 또래 간 협력을 이끌어냈다. 이로 인해 그룹에 대한 소속감이 생겼고 결속력이 증가하였으며, 연극에 대한 주인의식을 가지게 되었다. 학생들이 그룹에 대한 소속감을 가지기 위해 교사는 '이렇게 해봐라' 하고 지시하기보다는 학생들이 학습에 대한 주인의식을 갖도록 격려해주는 것이 필요하다. 교사 또한 교육과정과 통합된 교육연극 프로그램에 대한 주인의식을 지녀야 한다(Walsh-Bowers & Basso, 1999).

위에서 논의된 교육연극의 활용 방안을 바탕으로 교수-학습방법으로서 교육연극의 시사점을 도출하였다. 첫째로 교육연극은 학생들의 사회적 기술을 습득하는 데 도움을 줄 수 있다. 감정이입, 대인 간 문제 해결능력, 협상, 부끄러움을 극복하는 것 등이 올바른 또래관계를 위한 필수조건이라 할 수 있다(Walsh-Bowers & Basso, 1999). 교육연극은 이러한 조건들을 개발하는데 긍정적인 영향을 끼치며, 학교 안팎에서 또래기술, 또래 간 상호작용 기술을 발달시키는 데 도움을 준다(Walsh−Bowers & Basso, 1999). 또한, 교육연극은 학생들이 각기 다른 인물의 역할을 취함으로써 문제 해결을 위한 반성적 사고, 초인지적(metacognition) 사고를 가능케 한다(Catterall, 2007).

둘째로 교육연극은 학생들의 학교생활 적응에 긍정적인 영향을 미칠 수 있다. 다른 어떤 시기보다 청소년기는 또래관계를 통해 자신과 타인을 객관적으로 비교하여 자신의 행동규범을 선정하게 된다(최한나·김삼화·김창대, 2008). 특히 다문화 학생들은 새로운 친구를 사귀는 데 있어 서툰 모습을 보이는 등 또래관계에서 소극적인 모습을 보인다(서원준, 2010). 하지만 이러한 선행연구 결과를 비추어 봤을 때, 연극놀이, 즉흥극 등 다양한 활동의 교육연극 프로그램 실행으로 청소년기 다문화 학생들의 또래관계가 다양해지고 원만해졌다. 또한 이러한 또래관계의 형성은 그들의 심리·사회적 적응 및 학교생활 적응에 긍정적 영향을 미칠 수 있다.

셋째로 교육연극은 정서적 공감과 반성적 사고를 유도하여 학생들이 적극적으로 지식을 체득하도록 해준다. 본 프로그램에서 학생들은 역할극을 통해 상황 속 인물에게 동일시하여 정서적 공감을 하였고, 자신의 과거 경험을 환기시켜 그들의 행동을 반성하였다. 공감의 원리는 '마치 ~인 것처럼'의 허구 세계를 창조함으로써 구체화되는데(정성희, 2006), 이러한 정서적 공감은 교육연극을 통해 다른 사람의 입장이 되어봄으로써 완성된다. 또한 그들의 반성적 사고는 '외부'로부터 자신의 행동을 바라볼 수 있게 해주기 때문에, '자신의 문화 양식으로부터 탈피'하게 된다(Heathcote & Bolton, 1998: 160; Flemming, 2006). 이는 학생들에게 다양한 가치를 존중하도록 해주는 것이다. 그리고 다문화교육의 핵심 가치인 다름을 이해하고 다른 사람의 관점에서 시각화하려는 다문화적 역량(Moore, 2014)과 다원주의(pluralism)와도 부합된다(김창아·김영순, 2013)고 할 수 있겠다.

넷째로 교육연극을 교과과정에 통합시킴으로써 학생들이 의미 있고 명확한 방식으로 학습하도록 도움을 줄 수 있다(McDonald & Fisher, 2002). 문제기반학습과 일맥상통한 교육연극은 폭넓은 주제를 통해 다양한 교과목을 넘나들며 학생들로 하여금 의미 있는 방식으로 주제를 탐색하도록 해 준다(장연주·신나민, 2014). 역사적 사건, 동물들의 삶, 별 등과 같은 주제를 포함하는 다소 국부적인 주제에서부터 패턴, 환경, 용기, 존중, 관용과 같은 보다 폭넓고 포괄적인 교수학습 주제를 포함하는 주제들까지 모두 사용될 수 있다(McDonald & Fisher, 2002). 그리고 이러한 주제들은 일반학교 초등학교와 중등학교 교실에서 뿐만 아니라, 본 프로그램의 맥락처럼 한 교실에 다양한 학년이 존재하는 맥락에서도 사용될 수 있다.

마지막으로 본 프로그램처럼 한 명의 필자가 프로그램을 기획하고, 설계하고, 운영하는 1인 필자 체제가 아닌 대집단이 조성되어 프로그램이 설계되고 운영된다면, 본 프로그램에 대한 필자의 성찰과 다양한 지식 산출에 많은 기여를 하게 될 것이다. 마틴(Martin, 2001: 200)은 대집단 실행연구는 문제와 관련된 다양한 사람들의 서로 다른 맥락적 이해를 공유할 수 있는 기회를 제공함으로써 그 자체로서 연구에 참여하는 모든 사람들의 성장을 가져오는 좋은 학습의 기회가 되고 있음을 주장하였다. 뿐만 아니라, 필자가 프로그램을 실행하는 과정 중 문제를 해결하기 위해 지속적인 성찰과 후속활동을 하는데 큰 도움이 될 것이다. 수없이 많은 요소가 상호 연관되어 있는 현실맥락을 고려하였을 때, 교실에서 일어나는 교사 단독의 실천행위가 교육현실을 변화시킬 수 있는 폭은 지극히 제한적일 수밖에 없기 때문이다.

② 다문화교육에서 공조학습을 위한 교육연극[2]

이 사례 또한 필자의 경험을 바탕으로 했으며, 이 당시 다문화학교에서 다문화학생들을 대상으로 그들의 표현능력 및 공조학습을 함양하기 위한 수업을 진행하였다. 공조학습(共助學習, co-organizing learning)이라는 개념은 학생들의 각자의 경험을 드러내서 이를 적극적으로 공유해 하나의 공동경험을 만들어가는 과정으로서, 본 사례는 필자가 학생들의 경험의 공동구성 과정에 대한 하나의 해석 방식을 찾고자 하는 작업이었다.

---

[2] 본 사례는 2014년 필자의 학술논문에 실린 글을 추가, 보완하여 재구성한 것임을 밝힙니다.

1) 배경

2012년 실시한 다문화 연극 수업은 서울시에 소재한 국내 최초 초등학력 인정 대안학교인 S다문화학교를 배경으로 하였다. S교는 다문화 학생들, 즉 결혼이주여성 자녀, 중도입국자 자녀, 외국인근로자 자녀, 그리고 다문화 교육을 원하는 한국학생들에게 전액 무료로 운영되고 있으며 한국어, 영어, 모국어의 다중언어 교육, 다양한 문화에 대한 이해와 존중의식 함양을 위한 다문화 교육, 그리고 댄스부, 미술치료 등의 방과 후 교육 기회를 제공하고 있다. 본 프로그램에서 소개하는 다문화 연극 수업은 2012년 10월부터 12월까지 방과 후 선택활동으로서 진행하였던 연기수업과 연극치유수업이었다. 이 두 수업에 대한 참여는 학생들의 자발적인 선택으로 이루어졌고, 수업은 매주 화요일, 수요일 7, 8교시에 지하 1층 음악실과 4층 강당에서 각각 이루어졌다. 연기수업의 학생들은 초등학교 3학년부터 6학년까지 11명(남 7명, 여 4명)으로 구성되어 있으며, 이 중 한국 학생들이 2명(남 1명, 여 1명) 포함되어 있었다. 연극치유 수업의 학생들은 모두 다문화 학생들로서 초등학교 1학년부터 5학년까지 6명(남 4명, 여 2명)으로 구성되어 있었다.

2) '나'를 드러냄으로써 '우리'가 되는 수업

S다문화학교에서의 수업 목표는 다문화 학생들이 한국 사회에 흡수되어 적응할 수 있도록 돕는 교육이 아니라 그들이 한국 사회에서 살아가는데 필요한 비판적 사고를 하고, 자신의 소리로 각자 개성을 표현하는 능력을 기르는 것이었다. 또한 이 수업에 참여한 소수의 한국 학생들에게는 다수의 다문화 학생들의 문화를 이해하고 존중하는 태도를 기르는 것을 목표로 하였다. 뿐만 아니라, 필자는 그들이 한국에서 경험한 것을 동료들과 공유해 가는 과정에서 드러난 학습 현상에는 어떠한 특성이 있는지 살펴보고자 하였다. 이는 경험의 공동구성 과정에 대한 하나의 해석 방식을 찾는 작업이었다. 따라서 필자는 교육연극의 방법론 가운데 이러한 취지에 가장 부합하는 교수설계 방법론으로써 창의적 드라마(Creative drama)와 연극 만들기(play making)를 활용하였다. 그리고 연극을 만드

는 과정에서 드러난 경험의 공동구성 과정을 공조경험과 공조학습이라는 용어로 설명하고자 한다.

앞에서 언급하였듯이 필자는 연기수업과 연극치유, 두 수업을 진행하였는데 우선 연기수업은 다음과 같이 진행되었다. 우선, 학생들이 드라마나 영화의 대본을 가지고 연기해 보고 싶다는 요구를 표명함에 따라 학생들의 연령에 적절한 드라마와 영화의 대본 중 한 장면을 연습해서 재현하도록 하였다. 이러한 수업방식은 교육연극이라기보다 연극교육으로써 연극을 하는 데 필요한 기술들을 익히도록 하는 활동으로 이루어진다. 일단 이런 활동과 연극놀이 활동을 병행한 후, 학생들이 주제를 정하여 공연을 만들어 나가도록 하였다. 주제는 '한국' 하면 떠오른다고 학생들이 제시한 'K-POP', '한글', '차별'이라는 세 단어와 관련된 것으로 결정되었다. 학생들은 토론을 통하여 연극의 줄거리를 완성하였으며 필자와 논의하여 장면들을 구성하였다. 이후 학생들은 각자 자신이 맡은 역할에 대한 인물 탐구를 하였으며 '우리는 차별이 싫어요'라는 완성된 대본을 토대로 무대연습을 하였다.

연기수업의 사례는 하나의 독특한 공동경험의 양상을 보여주었다. 이는 확립된 개성과 습관을 가진 학생들이 공동으로 협력해 과업을 수행하는 한 방식이었다. 이 학생들은 집약적으로 상호작용하면서 개별경험을 발굴, 공유, 촉진, 융합, 생성을 활성화함으로써 공동경험을 생성하였다. 이것은 각자의 기존 경험세계에서 의견, 정서, 사고방식, 가치관, 욕망 등을 꺼내 부딪치며 하나의 경험을 조직해, 마지막에는 연극을 통해 하나의 경험을 완결해낸 것이다. 이 과정을 좀 더 구체적으로 살펴보면 다음과 같다.

연기수업의 학생들에게 '한국'이라는 단어를 들으면 떠오르는 단어를 적게 하였는데, 가장 많은 단어가 '외로움', '차별', '소외' 등의 단어였다. 그 외 'K-POP', '한글'이라는 단어도 많았다. 그래서 이 세 단어를 소주제로 설정을 하여 이 단어와 관련된 서로의 경험을 이야기하고, 공유해가기 시작하였다. 학생들 중에는 한국인 아버지와 결혼이주여성의 어머니를 둔 학생들도 있었으며, 이들은 한국에서 태어난 학생들로 한국말을 유창하게 한다. 또한 중도입국이민자로서 부모가 외국인인 경우가 대부분이었다. 이들 가운데는 한국에 입국한 시기도 다양하였고, 이

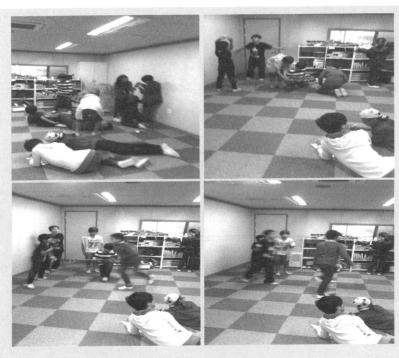

▲ 연극 제작 과정 사진

는 한국말 습득에 큰 영향을 주게 된다. 그리고 부모가 재혼을 하여 중도입국이
민을 한 학생들도 있었다. 이렇게 각자 서로 다른 이유로 한국에 오게 된 학생들
이 한국에 이주해 살면서 경험한 것들을 서로 공유하고, 그 공유된 경험들을 바
탕으로 하나의 이야기로 좁혀가게 되며, 그 이야기를 바탕으로 연극이 생성된 것
이다.

이 학생들은 공연의 경험을 "우리"라는 주어로 회고하였다. 학생들이 연극을
만드는 과정을 회고하며 이야기를 한 문장을 살펴보면, 1인칭 복수인 '우리'가 주
어로 상정된 경우가 대부분이었다. 이때 '우리'는 다른 사람으로 대체될 수 없는
특별한 '우리'인 것이다. 이렇게 복수의 주체인 '우리'가 되기까지 소통의 여정이
필요하다. 서로 다른 이유로 한국에서 살게 된 학생들이 통일된 연극을 함께 만
든다는 것은 결코 쉬운 일이 아니다. 새로운 상황을 겪는다는 것은 이전 경험의
토대 위에서, 그리고 연속선상에서 이루어지기 때문이다. 학생들이 경험한 기존

교사를 위한 교육연극의 이론과 실천

경험과 상이하고 갈등을 일으키는 새로운 경험을 겪는 것은 개인적으로도 힘든 일이다. 하물며, 독특한 자기만의 경험세계를 구축해 온 학생들이 서로 경험을 부딪쳐 조율하고 다듬어 공동경험을 구축한다는 것은 여간 어려운 과제가 아니다. 이 사례는 이러한 힘든 여정을 구체적으로 보여주었다.

연기 수업의 학생들은 자신의 역할에 대한 이해뿐만 아니라 상대방의 역할에 대한 이해를 통하여 서로의 입장에 대해 공감하는 모습을 보여주었다. 특히 괴롭힘의 대상이 되는 다문화 학생의 친구 역할을 맡은 학생들과 그 학생의 사촌 형 역할을 맡은 학생은 피해자 역할을 맡은 학생의 감정을 더욱 더 이해할 수 있게 되었다고 하였다. 또한 학생들은 극작과 극중 인물의 행위를 묘사하는 과정에서 한국 사회에 대한 자신들의 감정, 경험, 기억들을 떠올리며 적극적으로 표현하는 모습을 보였다. 이렇게 자신의 현 상태를 내보이는 것은 공동으로 하나의 경험을 구성하는 과정에서 가장 중요한 측면이라 할 수 있다. 적극적으로 내보여야 서로를 알 수 있고, 호흡을 맞출 수 있기 때문이다. 자신을 표출하는 만큼 상대가 나를 알 수 있으며, 말 그대로 공동경험을 생성하는 것이 가능한 것이다. 적극적으로 표출할수록 공동경험 생성 시간도 단축이 된다. 스스로를 내보이고 소통하는 과정을 통해 비로소 각자 경험의 지평이 드러나고, 파괴되고, 융합될 수 있는 것이다. 생각과 느낌이 닮아가고, 적극적으로 공유할 수 있게 된다.

경험의 공유와 관련하여 가장 중요한 것은 바로 개인이 품고 있던 것을 온몸을 동원해 지속적으로 타인에게 적극적으로 표출하는 과정이다. 여기에는 학생이 현재 가진 이해의 수준, 감정의 정도, 절실함의 수위, 몸의 반응 등을 그대로 보여주는 과정이 자연스럽게 내재되어 있다. 연극을 만드는 과정은 학생들의 무의식까지 드러내는 표출, 그것을 함께 보는 과정, 계속되는 토의와 지적, 방향의 설정과 합의된 약속 등이 이루어지는 과정이다. 이는 하나의 경험을 만들어가는 적극적인 조직화 과정이라 볼 수 있다.

반면, 연극치유수업은 연기수업과는 다른 유형의 학생들, 즉 같은 다문화 학생이지만 마음이 아픈 학생들이 대다수 참여했으므로 교수설계 역시 달랐다. 참고로 마음이 아픈 학생들이 대다수라는 것은 학급 교사에 의해 알게 된 사실이었다. 그래서 수업 초반에는 학생들 간의 친밀감을 형성하고 상상력, 창의력, 설득력, 표현력 등을 증진시키기 위하여 연극놀이를 실시하였다. 이 과정에서 필자는 우연히 세 명의 남학생으로부터 그들의 미래 꿈에 대해 듣게 되어 꿈을 주제로 연극을 만들도록 수업을 설계하였다. 학생들은 자신이 어떠한 꿈을 가지고 있으며, 그 꿈을 갖게 된 원인 및 배경, 그리고 그 꿈을 이루기 위해 어떠한 노력을 하고 있는지를 글로 써보고 서로 공유하였다. 이 때 학생들이 쓴 글을 토대로 '꿈'이라는 제목의 대본이 작성되었고 학생들은 이 대본을 가지고 무대연습을 하였다.

연극치유 수업에서 필자가 중요하게 목표하였던 것은 그들의 자기표출이었다. 마음의 상처가 누구보다 커서 자존감이 낮았던 그들은 자신을 표출하기를 꺼려했다. 연극은 학생들이 가지고 있던 과거의 기억을 하나씩 꺼내 인물의 액션으로 승화시키는 과정이다. 절망감도, 폭력적인 행위도, 사랑하는 표현까지도 그들 스스로 안에서 찾아야만 한다. 학생들은 연극을 하면 할수록 연극이 가식적인 모습을 만드는 과정이 아니라, 본 모습을 내보이는 과정임을 알았다고 한다. 그들이 느껴왔던, 생각했던, 행동했던 경험을 하나씩 반추해 꺼내는 것이 연극을 만드는 과정에서 중요하게 요구되는 과제이다. 한편, 이렇게 마음의 상처가 큰 학생들에게 그들 자신의 모습을 드러내는 것이 큰 고통이라고 필자는 여기기도 하였다. 그들이 누구인지, 그들의 특성이 무엇인지, 그들이 알고 있는 것이 무엇인지, 그들의 인식 태도와 장단점이 무엇인지 등 학습의 포커스가 그들 자신에게 있기 때문에, 그들을 하나씩 알아가는 과정에서 그들이 새롭게 보이고 그들의 존재가 소중하게 느껴짐을 자신이 알아가야 한다고 생각하였다. 그리하여 우선 마음 안의 상처보다는 장점을 우선 표출하도록 하였다. 그래서 그들이 가지고 있는 꿈을 바탕으로 연극을 만들어 나갔다.

이렇게 그들이 자신을 발견해 표출하려는 욕구의 의미는 그들을 표출함으로써 스스로를 치유하게 된다는 것을 의미한다. 필자는 자기표출을 통한 치유를 통해 그들이 겪고 있는 말 못할 고난과 괴로움, 아픔을 함께 극복하고 새로운 변화와 성장이 가능한 삶의 세계로 진입하고자 하였다. 그리고 그들 자신의 치유를 넘어선 관심은 교육적 의도로 향하게 된다. 연극을 통해 그들 자신을 표출하는 과정을 통해 그들은 스스로의 상처를 치유하는 동시에 보람과 희열을 느끼게 된다. 스스로 학생들 본인이 이 사회에 정말 필요하고 중요한 존재라는 것을 느낀 학생들은 보람과 희열을 느끼게 되는 것이다.

연극을 통해 자기표출을 통한 '치유' 이외에 달라진 점은 그들의 또래관계이었다. 즉, 초기보다 시간이 지남에 따라 서로 배려하고 협력적인 관계로 변화하는 모습이 두드러짐을 관찰할 수 있었다. 예를 들어, 초기에는 학생들이 과잉행동장애를 보이는 한 학생에 대해 불평을 하며 그와 함께 수업 듣기를 거부했지만 연극놀이 활동을 하는 과정에서 스스로 그 학생에게 대화를 시도하는 모습을 보였다. 그리고 각자의 꿈을 공유하는 시간에는 한국어로 글을 못 쓰는 그 학생을 대신해서 작성해 주는 모습을 보이기도 하고, 무대 연습을 할 때에는 무대 위에서 종종 사라지는 그 학생을 찾아가 함께 연습하기도 하였다.

마지막 수업 활동에서 필자는 '마음 버리기' 활동을 하였다. 학생들 마음 안에 버리고 싶은 마음이 무엇이 있는지 인식하게 하고, 그것을 눈에 보이지 않는 쓰레기통에 버리게 하는 것이다. 이를 통해 그들 자신을 성찰하는 기회를 갖게 하였다. 교육연극 활동 매 시간마다 자신을 성찰하게 하는 시간을 제공하는 것이 교사의 중요한 역할 중 하나이다.

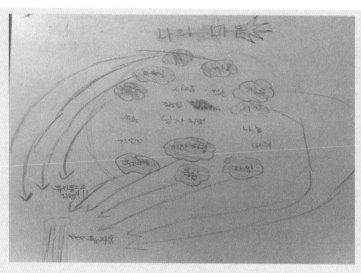

▲ '마음 버리기' 학습활동 사진

❸ 학교폭력예방교육에서 공감능력 향상을 위한 교육연극 1[3)](#)

교육연극은 또래 괴롭힘과 학교폭력예방교육을 위해 활용되고 있다. 버튼 (Burton, 2010)은 Acting Against Bullying 프로그램을 만들어 여자 중학생들을 대상으로 포럼연극(Forum Theatre)을 실행한 결과, 여학생들은 연극을 통해 감정 이입을 하게 되고 갈등에 관한 해결점을 찾으며, 연극이 끝나고 난 후에 교사들이 그들의 출석률과 학업 성취도가 높아졌다고 언급하였다. 또한 살라스(Salas, 2005)는 또래 괴롭힘의 이야기를 연극으로 보는 것은 학생들이 그들과 그들의 또래 경험을 새로운 방식으로 이해하도록 도와준다고 하였다. 이 사례는 또래 괴롭힘을 당하는 학생들의 이야기를 명백히 묘사하고, 그들의 연극을 통해 연극 속 주인공의 감정을 공감하게 되며, 주인공이 겪고 있는 문제에 대한 해결점을 찾아내는 과정을 다루고 있다. 본 절에서는 위의 사례에 이어 학교폭력예방교육에서 교육연극이 어떻게 활용될 수 있는지 필자가 경험한 사례를 소개하고자 한다.

1) 배경

필자는 2012년 5월과 7월 각 하루 4시간 동안 두 차례에 걸쳐 경기도 안산시에 소재한 B, W중학교에서 교육연극을 활용한 학교폭력예방교육 프로그램을 진행하였다. 이 학교폭력예방수업은 지역 경찰서와 청소년 심리전문가가 연계된 프로그램으로서 학교폭력으로 관할 경찰서에 입건된 학생들을 처벌하기보다는 선도 혹은 교육하기 위한 취지로 실행되었다. 이 수업에 참여한 학생들 중에는 학급에서 또래 간에 소란을 피워 학교폭력징계위원회로부터 경고나 징계를 받은 학생들이 다수를 차지했고 학교폭력으로 입건된 학생들도 포함되어 있었다. 본 프로그램에 참여한 학생들은 안산시에 소재한 B, W, I 세 중학교 학생들 20명이며(남학생 16명, 여학생 4명), 이 프로그램의 참여는 학생들의 선택이 아니라 의무사항이었다. 5월 교육에는 11명의 학생들이(W중학교 1학년 남학생 7명, I중학교 3학년 여학생 4명), 7월 교육에는 B중학교 9명의 남학생들이(1학년 2명, 2학년 7명) 참여하였다.

---

3) 본 사례는 2014년 필자의 학술논문에 실린 글을 추가, 보완하여 재구성한 것임을 밝힙니다.

2) 수업 목표 및 방법

이 수업은 학생들의 폭력에 대한 민감성, 자존감 및 타인에 대한 공감능력의 향상을 목적으로 하였다. 이러한 목적을 달성하기 위하여 수업의 전반부에는 학생들 간에 친밀감을 쌓고 표현력을 향상시키는 연극놀이를 도입하였고 교육연극의 방법론 중 포럼연극을 활용하였다. 포럼연극은 학교폭력이라는 주제에 관해 학생들이 인지하고 이해하는 바를 연극으로 표현한 후 배우와 관객의 입장에서 토론에 참여하는 형식으로 이루어졌다. 연극 제작 과정에 있어서는 제한된 수업시간으로 인해 대본 제작 과정은 생략하였고 학생들이 선정한 인물과 사건을 바탕으로 즉흥적으로 연극을 만들도록 한 후 토론연극을 진행하였다.

▲ 5월 프로그램 사진

이 수업의 경우 사전, 사후 설문을 실시하였는데 사후 설문지 분석에서 드러난 학생들의 반응 가운데 가장 두드러진 점은 학교폭력에 대한 민감도의 상승이었다. 또한 참여한 학생들 대부분이 토론 시간에 학교폭력을 다시 한 번 생각해보게 되었다고 언급하였다. 특히 7월 프로그램에서 피해자 역할을 맡았던 한 남

▲ 7월 프로그램 사진

학생은 가해자 역할의 학생들이 자신을 때릴 때 너무 무서웠다고 진솔하게 고백하기도 하였다. 그러나 일회성 교육만으로는 학교폭력에 대한 인지적 수준에서의 민감도와는 달리 정서적인 공감능력은 그다지 향상되지 못한 것으로 나타났다. 예를 들어, 5월 프로그램에서 관객이었던 중학교 여학생들이 극의 갈등을 최소화하기 위한 해결책으로 피해자로 극에 개입하게 되었다. 하지만 이 여학생들은 피해자 역할을 맡았음에도 불구하고 극중에서 가해자 역할을 맡은 학생의 머리를 손으로 때리는 등의 공격적 행동을 보이기도 하였다.

학교폭력예방수업의 경우, 교육연극은 학생들에게 당면한 문제를 어떻게 해결해야 하는지를 고민하게 하는 과정중심의 학습활동을 요구하는 것으로 나타났다. 이러한 과정 지향적인 학습은 문제 중심 학습법(Problem Based Learning)과 일맥상통하는 면이 있다. 문제 중심 학습방법이란 실제의 상황과 유사한 문제의 해결을 위해 학습자들이 공동으로 해결방법을 탐구하는 과정을 통해 다양한 학습경험을 유도하는 교육적 접근방식을 일컫는다(Barrows & Hmelo-Silver, 2008). 학교폭력예방수업 사례에서 극의 갈등을 해결하려는 학생들의 시도가 비록 문제해결의 측면에서 완결된 형태로 끝나지는 않았지만 이들이 이 문제에 대해 함께 논의하는 활동을 체험했다는 사실 자체가 매우 드문 교육적 경험이자 효과라고 볼 수 있다. 학생들이 교육연극을 통해 직접 구체적인 상황 속으로 들어가 문제를 해결하기 위해 노력하는 것은 그들의 의식에서 쟁점을 구체화시키는 작업이기 때문이다(Houston et al., 2001). 즉, 교육연극은 학생들 개개인의 관심, 이전 경험을 바탕으로 대본을 극작하고 연극을 만드는 과정을 통해 학생들 스스로가 문제를 인식하고 해결하게 하는 방법이 될 수 있다. 따라서 교육연극에서 학습자들은 단순히 '아는 것'이 아니라, '앎의 과정에 관여하는 교육'을 체험함으로써 타인의 의사결정을 수용하기보다는 스스로가 의사결정에 참여하고 그 결과를 검증하는 과정을 경험하게 되는 것이다(정성희, 2006).

④ 학교폭력예방교육에서 공감능력 향상을 위한 교육연극 2[4)

1) 배경

2008년에 시작되어 매년 지속되고 있는 남해섬 예술축제(NIF: Namhae Island Festival for performing arts)는 초, 중, 고등학생, 성인, 노인 등을 대상으로 국악, 연극, 영상, 애니메이션, 영어연극, 뮤지컬, 무대미술 등 7개 분야에서 워크숍 공연을 제공한다. 이 축제의 문화예술교육 프로그램 중 교육연극 프로그램에 참가한 학생들은 남해군 이동면에 거주하고 있는 학생들이었으며, 대부분 자발적으로 프로그램에 참가하였다. 참여 학생들은 초등학생 12명(남학생 8명, 여학생 4명), 중학생 8명(남학생 4명, 여학생 4명)으로 구성되었다. 본 사례에서 소개할 프로그램은 제 1회와 2회 예술축제 문화예술교육 프로그램의 일환으로 실시된 교육연극이며, 제 1회 예술축제 수업은 2008년 12월 22일부터 27일, 오전 10시부터 오후 1시까지이며, 2회는 2009년 8월 3일부터 9일, 오후 2시부터 6시까지 실시되었다. 제 1회 예술축제에서는 중학생들을 대상으로, 2회에서는 초등학생 저학년들을 대상으로 교육연극 수업이 진행되었다.

---

4) 본 사례는 2014년 필자의 학술논문에 실린 글을 추가, 보완하여 재구성한 것임을 밝힙니다.

2) 수업 목표 및 방법

이 프로그램의 교육 목표는 문화적인 시설이 낙후된 남해군 지역의 학생들에게 일차적으로 연극 경험의 기회를 제공하는 것이고, 이차적으로는 이러한 경험을 통해 학생들의 상상력, 창의력, 표현력, 비판적 사고를 향상시키는 것이었다. 이를 위한 방법으로 창의적 드라마(Creative drama) 기법이 활용되었으며 학생들과 연극놀이를 실행한 뒤, 학교라는 소재에 대하여 학생들 스스로가 주제와 내용을 정하여 정지 장면인 타블로(tableau)와 대본을 만들도록 지도하였다. 타블로는 정지된 상황과 움직임이 포함된 상황뿐만 아니라, 역할 속 다른 사람의 상황을 나타내기 위해 사용되는 것으로써, 학교에서 가장 인기 있는 드라마 활동의 한 형식이라고 할 수 있다(Bolton, 1999). 이러한 결과 학생들은 첫 번째 프로그램에서는 '비상'이라는 연극을, 두 번째 프로그램에서는 '뇌물 선생'이라는 제목의 연극을 완성하였다. 완성된 연극은 각각 2008년 12월 27일, 2009년 8월 9일 남해 탈공연예술촌의 다초 실험극장에서 30분간 연극으로 발표되었다.

1회 프로그램에서 상연된 '비상'은 학교폭력의 대상이 된 피해자 학생과 그 친구 간의 또래관계에 관한 연극이었다. 이 공연이 끝난 뒤 학생들은 남해 지역의 신문기자들로부터 인터뷰 질문을 받고 그들이 올린 공연에 대해 상당한 자부심을 표현했다. 또한 참여 학생 중 피해자의 친구 역할을 맡은 주인공 남학생은 배우가 되고 싶다며 연기에 대한 관심과 자신감을 보였다. 2회 프로그램의 학생들은 초등학교 저학년임에도 불구하고 학부모와 교사 간에 뇌물을 주고받는 내용으로 연극을 만들어 학부모와 예술축제 관계자들의 이목을 끌었다. 또한 대부분의 학생들이 교육연극 참여 결과 자기표현이 향상되었음을 인식하였고 특히 한 남학생은 극적인 태도 변화를 보여주기도 하였다. 이 남학생은 부모의 권유로 수업에 참가하게 되어 초반에는 연극놀이에도 참여하지 않는 등 아주 수동적인 태도를 보였었다. 따라서 필자는 이 학생에게 다른 학생들의 활동을 관찰할 것을 제안하였고, 그는 수업 활동에 참여하지는 않고 관찰만 했었다. 그러나 셋째 날부터 점차 적극적인 모습을 띠며 수업에 참여하더니 공연을 위해 배역을 선정할 즈음에는 자신이 주인공을 맡겠다며 배역에 열연하는 모습을 보여주었다.

▲ 2008년 1회 프로그램 사진

▲ 2009년 2회 프로그램 사진

　　다문화 학교와 남해예술축제의 경우, 교육연극은 학생들의 연극 예술에 대한 태도 변화를 가져오는 것으로 파악되었다. 특히 남해지역의 학생들은 연극놀이를 통하여 어려운 줄 알았던 연극이 재미있고 쉬운 작업이라는 인식을 하게 되었다고 하였다. 또한 자신들이 직접 연극을 만들었다는 사실에 상당한 자부심을 갖는 모습도 보여주었다. 이렇듯 학생들 자신의 경험을 소재로 하는 연극은 예술적 창조와 개인적 체험을 가깝게 하고, 이를 효과적으로 직접 연결하는 작업이 될 수 있다. 이런 점에서 비고츠키(Vygotsky, 2004)는 연극이 모든 아동의 창조의 근원인 놀이와 직접적으로 연결되며 아동의 연극 상연은 놀이로서 최대의 가치를 지닐 수 있음을 언급하였다.

⑤ 공감교육에서의 교육연극[5)]

본 절에서는 위의 사례에 이어 공감교육에서 교육연극이 어떻게 활용될 수 있는지 필자가 경험한 사례를 소개하고자 한다. 이 사례는 비교적 최근의 사례로, 독자의 이해를 돕기 위해 공감의 개념 및 종류, 특성, 그리고 친사회적 행동의 개념 등을 먼저 알아보기로 한다. 또한 공감과 친사회적 행동이 교육연극과 어떠한 상관성을 가지고 있는지 알아보자.

1) 사례 배경

(1) 공감

공감은 유사한 경험을 통하여 타인의 감정적 혹은 의도적 상태를 이해하는 능력을 일컫는다(Bischiof-Kohler, 2012). 공감은 시대별로 개념화 방식이 변모되어 왔는데, 로저스(Rogers)에 의해 강조되면서 공감에 관한 연구가 쏟아졌다. 그는 공감을 마치 자신이 그 사람인 것처럼 지각하는 매우 특별한 방식으로 묘사될 수 있다고 여겼다(Rogers, 1975). 바로 이 정의에서 공감을 구성하는 인지적 관점과 정서적 관점이 함께 제시되고 있다. 초기에는 공감의 인지적인 부분에 초점을 두는 입장과 정서적인 부분을 강조하는 입장이 공존하면서 혼용되어 사용되었다(Redmond, 1989). 정서적 공감을 주장한 연구에서 발견되는 공통적인 특징은, 공감이 타인의 감정이나 느낌에 대한 반응이며 그 반응은 공감 대상자의 감정이나 느낌과 부합하는 것인데, 중요한 것은 공감자의 느낌이나 감정이 공감 대상자의 감정적 상태에 영향을 주는 것은 아니라는 것이다(박성희, 2004). 이후, 호프만(Hoffman, 1982)이나 데이비스(Davis, 1980) 등이 인지적, 정서적 관점을 통

---

5) 본 사례는 2018년 발간될 필자의 학술논문에 실릴 예정인 글을 재구성한 것임을 밝힙니다.

합한 확대된 개념으로 연구하였고, 이 관점에 대해 현재 학자들 간에 합의가 이루어진 것으로 보인다.

통합적 관점은 공감이 인지적, 정서적 요소를 모두 가지고 있으며, 각 요소들 간에 상호작용이 존재한다고 보는 입장이다(Hoffman, 1982; Davis, 1980). 데이비스(Davis, 1980)는 공감을 관점 취하기(perspective taking), 상상하기(fantasy), 공감적 관심(empathic concern), 개인적 고통(personal distress)의 네 가지 하위구인으로 설명하였고, 이 중 관점 취하기와 상상하기는 인지적 요소에, 공감적 관심과 개인적 고통은 정서적 요소에 속한다고 하였다. 특히 관점 취하기는 정서적 상태, 관용 등 다른 현상에 미치는 영향 때문에 중요한 인지기술로서 오랫동안 인식되었으며, 공감요소에서 가장 핵심요소라고 할 수 있다(Davis, 1983). 데이비스(Davis)는 이 네 가지 하위구인을 바탕으로 공감에 대한 조작적 측정도구인 대인관계반응지수(IRI: Interpersonal Reactivity Index)를 제작하였다.

공감에 관한 기존 연구들은 공감이 대인관계에서 친밀한 관계로 나아가기 위한 촉진작용을 하며 갈등해소에 도움을 주고 관계를 강화시키며(Guerney, 1977), 친사회적 행동의 원천이 되는(Hoffman, 1982) 등 대인관계를 발전시키는 역할을 하고 있다고 본다. 뿐만 아니라 비행과 문제행동을 예방하는(한명수, 2001) 등 인성의 변화와 자기성장에 있어 중요한 역할을 한다고 말하고 있다. 특히 청소년은 생활의 대부분을 학교에서 보내면서 또래관계의 비중이 커지고 문제행동, 비행의 가능성이 높아지기 때문에 공감능력이 갖는 의미가 더욱 중요하다고 할 수 있다. 그들은 가족문제, 또래관계문제, 교사관계문제, 공격행동, 지위비행, 범죄성비행, 충동과다행동 등을 경험한다는 연구가 있다(이해경, 신현숙, 이경성, 2003). 또한 공감능력은 학교생활 적응도와 학교폭력태도와도 유의미한 관련이 있는 것으로 나타났다(박찬경, 2014). 이렇듯 공감은 청소년의 삶과 다수의 상관이 있는 것으로 보인다.

(2) 친사회적 행동

친사회적 행동은 타인을 도와줌으로써 호의적인 사회적 관계를 유지하려는 행동을 말한다(박성희, 2004). 김민주(2011)는 자신의 이익보다는 타인의 이익을 우선시하여 타인을 도와주는 행동을 의미한다고 하였으며, 박정희(2009)는 외적인 강요가 아닌 자발적 동기에 근거하여 수행된 타인 배려적 행동으로 보았다. 아이젠버그(Eisenberg, 1986)는 외적 보상을 기대하지 않고 다른 사람이나 집단에게 이익을 주거나 도와주는 행동이라고 정의하였다. 본 사례에서는 위의 선행연구들을 토대로 친사회적 행동에 대해 외적 보상을 기대하지 않고, 자발적으로 행하며, 행동의 결과가 타인에게 이로움을 주는 행동으로 정의하였다. 그리고 한국유아교육사전(2001)에서 발간한 유아교육사전에는 친사회적 행동의 유형으로 나누기, 돕기, 협력하기, 위로하기, 합의하기를 들고 있다. 위의 연구들을 바탕으로 하여 본 사례에서는 도움행동, 공감행동, 보호행동, 나눔행동, 친절행동, 협력행동을 친사회적 행동의 하위 영역으로 삼았다(이숙정, 2001). 이렇게 하위 영역으로 설정한 근거는 친사회적 행동의 유형이 너무 포괄적이거나 세밀하게 구분되어 있지 않고 적절하게 구분되어 있기 때문이다.

친사회적 행동은 공감능력과 관계가 있음을 알 수 있다. 와이너(Weiner, 1980)는 친사회적 행동이 타인의 곤경을 이해하는 능력과 함께 공감 정서가 따를 때 비로소 돕는 행동이 나타난다고 하였다. 즉, 공감은 친사회적 행동 유발의 전제조건이라고 할 수 있다. 공감은 친사회적 행동과 정적인 상관관계를 보이고 (Batson, Ahmad, Lishner & Tsang, 2002), 호프만(Hoffman, 1982)은 공감이 친사회적 행동에 대한 동기를 유발하는 중재자 역할을 한다고 하였다. 국내 연구도 공감과 친사회적 행동은 밀접한 상관관계가 있는 것으로 밝히고 있다(박정희, 2009).

뿐만 아니라, 친사회적 행동은 청소년들의 학교생활 적응과도 밀접한 관련이 있다. 김미숙(2004)은 대인문제 해결 훈련을 통해 친사회적 행동이 증가하였으며, 이로 인해 학교생활 적응에 의미 있는 효과를 얻을 수 있었다는 결과를 제시하였다. 즉, 선행연구를 통해 얻을 수 있는 결론은 친사회적 행동이 공감능력과 정적인 상관관계가 있으며 학교생활 적응력을 증가시킨다는 점이다.

(3) 공감, 친사회적 행동과 교육연극의 상관성

교육연극은 학습자에게 구체적인 상황을 제공해주고 그 상황에 학습자가 자발적으로 참여하여 구체적 조작을 함으로써 학습자 스스로 의미를 발견하게 하는 과정중심의 교육방법이다. 이는 존 듀이(John Dewey)의 경험주의 철학을 바탕으로 하며, 교사와 학생 간의 적극적·협력적인 상호작용의 과정을 통해 '함께'

교사를 위한 교육연극의 이론과 실천

배워나가는 '상호적 관계(co-intentional relationship)'를 지향한다(김병주, 2007). 본 사례에서는 교육연극을 타인과 상호교섭을 통하여 의미를 창조하는 구현 활동으로서, 학생들이 자발적으로 참여하는 모든 연극적 활동을 교육연극으로 정의하였다. 공감능력의 신장을 위해 학습자에게 적절한 교육이 요구되는데, 교육연극이 많은 부분에서 이에 적절한 특성을 지니고 있다.

첫째, 교육연극은 학생의 공감을 자극한다. 리프킨(Rifkin, 2010)은 우리 자신을 다른 역할, 다른 상황에 대입하여 상상력을 펼치고 그 사람처럼 행동하려 하는데, 이렇게 표현된 상상력은 공감을 성장시키고 발달시킨다고 하였다. 교육연극은 학생들이 친구들과 함께 적극적으로 이야기를 만들어 나가며, 이때 그들이 원하는 시간과 공간을 창조하여 이야기를 만들어 나간다. 또한 친구들과의 상호작용을 통해 극 중 인물을 이해하고 상상하며, 그에 맞게 행동하려고 노력한다. 이러한 과정 자체가 교육연극인 것이고, 이러한 과정들이 모여 새로운 공감적 경험을 만들어 내는 것이다.

둘째, 교육연극에서 다른 인물이 되어보는 것은 학생들의 공감을 향상시킬수 있다. 오경아(2009)는 공감을 향상시키기 위해 교실에서 활용할 수 있는 방안몇 가지를 제시했는데, 그 중 하나가 역할 채택 경험의 기회 제공이었다. 이 방법은 교육연극의 '살아보기'와 일맥상통한다고 볼 수 있다. 이야기 속 등장인물이되어 그 인물의 삶을 살아보고, 그 입장에서 생각하고 느낌으로써 학생들은 자신이 맡았던 그 역할의 인물을 누구보다 잘 이해하게 될 것이다. 이는 공감의 폭을넓히는 데 중요한 역할을 하고 있다. 이와 같이 교육연극은 놀이로서의 특징을지니고 있고, 타인과의 상호작용을 통해 타인의 입장이 되어보는 경험을 거친다. '마치 내가 ~라면'과 '살아보기'를 통해 타인의 입장이 되어 생각해보는 경험이쌓이면, 타인을 이해하는 공감의 인지적 요소를 자극하게 된다. 또한 적극적으로참여하고, 허구의 역할을 통해 경험하다 보면, 다른 사람이 어떻게 느끼는지 그에 대한 자신의 감정을 회상하게 되어 공감의 정서적 요소 또한 자극할 수 있다.

또한 공감능력과 친사회적 행동을 증진하는데 교육연극을 활용한 선행연구가있는데, 이 연구들은 유아교육 현장에서의 연구들이 대부분이며, 중등 현장에서친사회적 행동을 증진하기 위한 연구는 드물다. 반면, 최근 초등 현장에서 교육연극을 활용하는 연구들이 늘어나고 있는데, 이 사례들에서 사용된 역할극은 한 회기 내에 매우 적은 부분을 차지하였고, 모든 학생들이 주어진 대본을 그대로 재연하는 수준에서 그쳐, 극의 맥락 안에서 반성적 사고를 해볼 기회를 갖지 못하였다. 그러므로 주어진 대본을 그대로 수행하는 것이 과연 타인의 감정을 이해하는데 충분히 작용하였을지 의문이 든다. 또한 기존 연구는 동화를 통해 공감능력을 증진시키기 위한 프로그램을 활용하였으나, 본 사례에서는 학교폭력예방교육으로서 본 프로그램의 핵심 목표를 추출하여 극적 상황에 처한 학생들이 공감의 기회를 극대화할 수 있도록 하였다. 즉, 참여 학생과 동일한 연령대의 주인공이 실제 겪은 사건을 중심으로 역할극 등 다양한 활동을 고려하여 프로그램을 구성하였다. 뿐만 아니라, 기존 연구와는 다르게 단편적인 수준에서 그치는 것이 아니라, 학생들의 반성적 사고를 가능하게 하는 교육연극 프로그램을 학교 현장에 적용하여 공감능력에 미치는 효과를 검증하고자 하였다.

2) 사례의 맥락

(1) 사례 대상과 실험 설계

본 사례의 대상은 경기도 A시에 소재한 B중학교에 재학 중인 중학생 45명이다. B중학교 학생들이 본 프로그램에 참여하게 된 근거는 다음과 같다. 첫 번째는 B중학교 생활부장 교사가 학교폭력위원회에서 학교폭력예방교육을 받도록 학생들을 선발하였고, 생활부장 교사의 추천으로 그 학생들이 본 프로그램에 참여하게 되었다. 마지막으로는 각 학급별로 담임교사에게 학교폭력 경험이 많은 학생들을 추천받아 본 프로그램에 참여하게 되었다. 그리하여 생활부장 교사는 학교폭력 경험이 있는 45명의 학생을 본 프로그램에 참여하도록 추천해 주었다. 그리하여 필자는 학생들 및 학생들의 보호자에게 본 사례에서 사용되는 학생들의 개인정보는 철저히 보호될 것이라고 전달했으며, 학생들의 부모님으로부터 동의서도 받았다. 실험 설계는 사전검사, 프로그램 실행, 사후검사, 사전－사후 검사 간의 평균차이를 검증하는 단일표본 사전사후 설계이다. 본 프로그램은 '청소년들의 공감능력 향상을 위한 교육연극 활동'을 주제로 B중학교와 연계하여 실시

교사를 위한 교육연극의 이론과 실천

| 표 9 | 사례 대상

구분	변수	빈도	백분율
성별	남자	22	48.9
	여자	23	51.1
	합계	45	100
학년	1학년	7	15.6
	2학년	21	46.7
	3학년	17	37.8
	합계	45	100.0

되었으며, 교육연극 전문가인 필자가 단독으로 진행하였다.

단일집단 사전·사후 설계에서 통제집단의 부재는 내적 타당성을 위협할 수 있는 요인이 되지만, 이 사례는 엄밀한 가설검정보다는 현장에서의 변화를 가져오고자 하는 것이 주요 목적인 실행연구(action research)의 일환으로 이루어졌고, 이에 따라 엄밀한 인과관계의 규명보다는 교육실천과 그 효과검증을 목적으로 하므로(Anderson & Shattuck, 2012), 통제집단의 사용과 무선할당 방법에 초점을 두지 않았다. 실행연구의 특성상 이 사례는 내적 타당성보다는 프로그램의 효과검증 및 유사한 맥락으로의 확산·적용(외적 타당성)에 초점을 두고자 하였으며, 이 프로그램의 결과는 향후 다른 교수혁신을 위한 실천적 예시로 활용될 수 있다.

(2) 측정 도구

A. 공감능력 척도

본 사례에서는 공감능력을 정량적으로 측정하기 위해 데이비스(Davis, 1983)의 대인적 반응지수(IRI: Interpersonal Reactivity Index)를 김성은(1997)이 중학생용으로 번안한 것을 사용하였다. 공감의 인지적인 측면과 정서적인 측면으로 측정되며, 인지적인 측면은 관점 취하기와 상상하기, 정서적 측면은 공감적 관심과 개인적 고통의 하위요인으로 나뉜다. '관점 취하기'는 일상생활에서 타인의 심리적 관점에 자발적으로 적응하는 경향을 말하며, '상상하기'는 영화, 연극, 책 등

하위요인	문항번호	문항 수	신뢰도
상상하기	2, 5, 9, 14, 17, 23, 28	7	.66
공감적 관심	1, 6, 8, 13, 21, 25, 27	7	.75
관점 취하기	3, 7, 12, 15, 19, 22, 24	7	.65
개인적 고통	4, 10, 11, 16, 18, 20, 26	7	.87
전체		28	.77

| 표 10 | 공감능력 척도의 문항 구성

허구적 상황에서 나오는 가공적인 행위와 감정에 자신을 전이시키는 경향을 말한다. '공감적 관심'은 불행한 사람에 대한 동정이나 관심을 경험하는 정도를 뜻하며, '개인적 고통'은 타인의 심한 불안에 대한 반응으로 본인도 불안을 느끼는 경향이다. Likert 5점 척도를 사용하였으며, 3, 4, 11, 13번 문항은 역채점하였다.

B. 친사회적 행동 척도

친사회적 행동을 측정하기 위해 김수연(1995)의 검사와 러쉬톤(Rushton, 1981)의 검사를 기초로 이숙정(2001)이 수정 보완한 친사회적 행동 검사를 사용하였다. 본 척도는 협력하기, 나누기, 위로하기, 돕기, 양보하기를 묻는 28개 문항으로 구성되어 있으며, 전체 척도의 내적 신뢰도는 .92였다. 각 문항은 5점 Likert 척도이며, 친사회적 행동 검사는 점수가 높을수록 친사회적 행동 경향성이 높다.

이 사례에 참여한 학생을 대상으로 교육이 시작되는 시점에 사전검사를 실시하고, 14주차 교육이 마무리 되는 시점에 사후검사와 프로그램 만족도 조사를 실시하였다. 프로그램의 효과를 보기 위하여 사전과 사후검사의 평균차이에 대한 t 검증을 실시하였으며, 프로그램 만족도에 대해서는 빈도분석을 실시하였다. 자료처리는 IBM SPSS Statistics 버전 21.0을 사용하였다. 또한 양적연구의 통계적 한계를 보강하기 위해 필자의 수업관찰일지 및 성찰일지, 매 회기 수업을 촬영

| 표 11 | 친사회적 행동 척도의 문항 구성

하위요인	문항번호	문항 수	신뢰도
도움행동	1, 5, 8, 13, 27	5	.75
공감행동	3, 18, 21, 23, 25, 28	6	.72
보호행동	11, 12, 14, 24, 26	5	.69
나눔행동	4, 10, 16, 19	4	.59
친절행동	2, 6, 7, 9	4	.73
협력행동	15, 17, 20, 22	5	.61
전체		28	.92

한 영상자료, 면담, 학생들의 학습자료 등의 정성적 내용을 추가하여 질적 연구 분석의 한 방법인 내용비교 분석방법(Merriam, 2009)을 사용하여 분석하였다. 이 방법은 사건의 전체적인 흐름 파악, 사건의 부분적 요소 확인, 참여자 개개인의 행위분석, 사례의 큰 맥락 속에서 사건들을 비교하여 해석하는 데 용이하다.

3) 프로그램의 개발과 주요 내용

B중학교 45명 학생들의 공감능력을 함양하기 위해서는 학교폭력예방 교육연극 프로그램 개발 단계에서 공감의 하위영역에 초점을 맞추어 교육연극의 다양한 활동과 연결시키는 전략이 필요하다. 그리하여 1) 마음열기, 2) 상상하기, 공감적 관심, 관점 취하기, 개인적 고통, 3) 상상하기, 관점 취하기, 4) 다짐하기, 크게 네 단계로 프로그램의 주요 내용을 구성하였다. 이렇게 구성한 이유는 수업 맥락과 흐름에 맞게 공감의 구성요소인 인지적 요소와 정서적 요소 모두에서 추출하려고 하였기 때문이다. 타인의 입장이 되어 생각해보는 경험이 쌓이면, 타인을 이해하는 공감의 인지적 요소를 자극하게 된다. 또한 즐겁게 적극적으로 참여하고, 허구세계에서 역할을 통해 경험하다 보면, 다른 사람이 어떻게 느끼는지, 그에 대한 자신의 감정을 회상하게 되어 공감의 정서적 요소 또한 자극될 수 있다. 필자는 참여한 중학생들이 연극 경험이 거의 없고 학교폭력 경험이 많다는

정보를 바탕으로 그들과 비슷한 인물을 극중 인물로 설정하여 학생들이 극중 인물에 보다 공감을 잘할 수 있도록 하였고, 연극에 거부감 없이 접근할 수 있도록 본 프로그램에 연극놀이와 즉흥극을 적절하게 배치하였다.

| 표 12 | 교육연극 기반 학교폭력예방 프로그램

단계	차시	날짜	주제	세부내용	비고
마음열기	1	3/12	친밀감 형성	다양한 연극놀이	사전검사
상상하기, 공감적 관심, 관점 취하기, 개인적 고통	2	3/19	즉흥극 1, 2	내가 싫어하는 친구와 내 약점 쓰기, "친구야" "모둠원을 바꿔주세요"	
	3	3/26	뉴스 시청 및 토론	"장난으로 던진 지우개로 정학 처벌당한 학생"	
	4	4/2	즉흥극 3	"체육 시간"	
	5	4/9	즉흥극 4	"악성 댓글과 욕설 문자"	
	6	5/14	사건 예측, 몰입하기	"고개 숙인 아이"	
상상하기, 관점 취하기	7	5/21	행동하기	진실과 거짓 찾기 왜 진실이고 거짓인지 설득하기	
다짐하기	8	5/28	행동하기 및 성찰하기	"이선생의 학교폭력 평정기" 스토리텔링	
	9	6/4	느낀 점 공유	토론	사후검사 만족도 조사

이 프로그램은 공감능력 함양을 위해 교육연극을 활용한 선행연구와 차별된다. 앞에서 살펴보았듯이, 지금까지 진행된 대부분의 선행연구는 학생 주도의 적극적이고 다양한 활동을 중심으로 구성되기보다는 프로그램의 틀 안에서 학생들의 수동적인 활동을 중심으로 구성되는 측면이 강하였다. 반면 본 프로그램은 '마치 내가 ~라면'과 '살아가기' 이론에 따라 학생들이 적극적으로 참여하여 그들 내면의 생각을 드러낼 수 있도록 구성하였다. 학생들은 역할을 입고 삶을 체험하

게 되고, 교사는 학생들이 역할 밖으로 나와서 깊이 있는 관찰과 사고를 할 수 있도록 질문을 던지게 된다. 이것은 기존 프로그램들과 달리 극중 의미를 만들어 나가는 과정중심의 작업인 것이다. 또한 기존 연구와 차별하여 본 프로그램은 동일한 연령대의 주인공이 실제 겪은 사례를 바탕으로 프로그램을 구성하였기 때문에 참여 학생들이 극중 인물에게 더 공감을 할 수 있도록 하였다. 그리고 이 프로그램은 교육연극 전문가 2인에게 검증을 받았으며, 교육연극 전문가인 필자가 단독으로 진행하였다. 이와 같이 설계·개발된 교육프로그램의 내용은 다음과 같으며, 2016년 3월 12일에서 6월 4일까지 1회기에 2시간(10:00~12:00)씩 9번의 수업이 진행되었다.

(1) 제 1단계: 마음열기(도입 단계)

본 프로그램은 마음열기를 시작으로 공감의 하위구성요인인 상상하기, 공감적 관심, 관점 취하기, 개인적 고통, 그리고 다짐하기 단계로 진행하였다. 이 프로그램에 참여한 학생들은 서로 알지 못하기 때문에, 필자는 학생들이 마음을 열고 프로그램에 참여하도록 친밀감 형성에 중점을 두었다. 다소 쑥스러워 하는 학생들도 있었지만 프로그램을 운영하는 동안 지켜야 할 규칙을 정하고 이에 대한 서약서도 작성하였다. 또한 또래에 대한 이해와 공감능력 신장을 위해 매 회기마다 해당 활동에 대한 경험과 느낌을 발표하도록 하였다.

(2) 제 2단계: 상상하기, 공감적 관심, 관점 취하기, 개인적 고통

이 단계에서 필자는 한 중학생이 학우에게 칠판지우개를 던져 법원으로부터 판결을 받게 된 실제 TV 뉴스에 나온 사례, 혹은 중학교 교사들이 실제 겪은 일들을 엮어 만든 책의 내용을 활용하였다. 이는 본 프로그램에 참여한 중학생들이 실제 사건을 접함으로써 각각 사례의 인물에게 공감을 느끼도록 하기 위한 것이었다. 그리고 이런 사례들로부터 학교나 가정에서 흔히 발생할 수 있는 갈등상황을 해결할 수 있는 방법에 대해 그룹(모둠)으로 연극을 만들고, 이에 대한 토론으로 이어져 학생들의 직접적인 참여를 통해 바람직한 해결방안을 찾도록 하였다.

(3) 제 3단계: 상상하기, 관점 취하기

2단계에서 학생들이 사례의 인물들에게 너무 정서적으로만 공감을 느끼게 되

지 않을까?라는 우려가 되어 인지적인 측면에서 공감을 하는데 중점을 두어 프로그램을 설계하였다. 이 단계에서는 학교폭력 관련 다양한 사례들을 통해 학생들에게 어떤 행동이 옳고 그른 것인지 발표하게 하고, 그렇게 생각하는 이유를 논리적으로 설명하게 하였다.

(4) 제4단계: 다짐하기

모든 활동을 마치면서 실험집단 학생들에게 그동안 교육연극을 기반으로 한 학교폭력예방 프로그램에 참여하고 나서의 느낌, 생각 그리고 감정 등을 자유롭게 표현하도록 하였고, 폭력 없는 학급과 공감능력을 함양하기 위한 다짐과 피드백을 하며 프로그램을 마무리하였다.

4) 사례 결과

(1) 공감능력의 효과

A. 프로그램 참여 전, 후 공감능력 변화에 대한 t 검증

학생이 본 프로그램 참여 이후로 공감변인에서의 차이가 있는지를 보기 위하여 t 검증을 실시하였고, 그 결과는 <표 13>에 제시하였다. 그 결과, 공감능력은 프로그램 실행 전후로 유의미한 차이가 있었다($t=5.951$, $p<.001$). 즉, 교육연극은 청소년에게 공감능력을 향상시키는 데 효과가 있다는 것을 보여주었다.

| 표 13 | 프로그램 참여 전, 후 공감변인에서의 차이

변인	프로그램 참여					t	p
	후		전				
	N	M(SD)	N	M(SD)			
공감	45	113.87(16.876)	45	95.18(13.335)		5.951	.000

B. 프로그램 참여 전, 후 공감능력의 하위요인 변화에 대한 t 검증

학생이 교육연극에 참여하기 전, 후의 공감능력의 하위요인에서의 차이가 있는지를 보기 위하여 t 검증을 실시하였다. 분석결과, 공감능력의 모든 하위요인에서 프로그램 실행 전후로 유의미한 차이가 있었다. 즉, 교육연극은 청소년에게 공감능력의 모든 하위요인을 향상시키는 데 효과가 있다는 것을 보여주었다.

| 표 14 | 프로그램 참여 전, 후 공감능력의 하위요인에서의 차이

하위요인	프로그램 참여				t	p
	후		전			
	N	M(SD)	N	M(SD)		
상상하기	45	29.71(5.631)	45	24.78(6.079)	3.928	.000
공감적 관심	45	29.67(5.402)	45	24.16(4.039)	6.006	.000
관점 취하기	45	27.51(3.520)	45	24.96(3.535)	3.387	.001
개인적 고통	45	26.98(4.500)	45	21.29(3.964)	6.572	.000

이렇게 공감능력의 모든 하위요인에서 변화가 나타난 것은 본 프로그램이 효과적으로 구성되었다는 것을 의미한다. 또한, 이 결과는 수업 전반에 걸쳐 학생들의 활동에서도 엿볼 수 있었다. 학생들은 6차시 수업 '고개 숙인 아이'에 대해 많이 공감하였다. '고개 숙인 아이'는 2012년 '세상에 이런 일이'라는 TV 프로그램에 소개가 되었으며, 계속 고개를 숙이고 다니는 민기 학생으로 많은 이슈가 되었다. 민기는 24시간 동안 90도 이상 머리를 아래로 꺾어서 아래만 내려다보며 생활하는 아이다. 학생들은 민기가 왜 고개를 숙이고 다니는지 궁금해 하였으며, 고개를 숙이고 다니게 된 원인은 민기의 탓이 아니며, 민기를 이해하지 못하는 학생에게 민기의 입장에서 생각을 해 보라는 학생도 있었다. 이는 학생들이 타인의 감정에 이입을 하여 공감을 하고 있음을 의미한다.

학생 1: 불쌍해요, 부모님이 잘못한 것 같아요.

학생 2: 저렇게 머리를 숙이고 다니는데, 왜 주변에서는 아무런 말도 조치도 취하지 않는거죠?

필   자: 민기에게 무슨 말이 위로가 될까요?

학생 3: 고개를 숙이게 된 건 네 탓이 아니라고 얘기해주고 싶어요. 그게 위로가 된다면요.

학생 4: 전 민기가 이해가 안 돼요, 왜 병원에 가서 치료를 안 받아요? 그리고 아빠한테 엄마 때리지 말라고 얘기를 하면 안돼요?

학생 3: 너가 그 상황이 되어봐, 그 말이 쉽게 나오지 않을 수도 있어.

5월 14일 6차시 수업, 필자의 관찰일지.

그리고 2차시 수업에서 진행하였던, 내가 싫어하는 친구의 약점과 나의 약점을 쓰는 활동에서 자신의 약점을 쓰기 위해 생각하는 동안 자신이 싫어하는 친구의 약점뿐만 아니라, 친구들 또한 나의 이런 점을 싫어할 수 있겠다는 생각을 하게 되었다는 학생들이 많았다. 즉, 활동을 통해 자신을 성찰하게 되는 계기가 된 것이다.

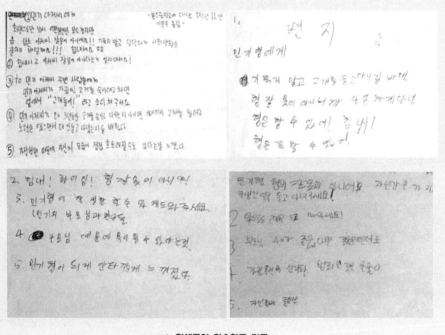

▲ 학생들의 학습활동 자료

또한 공감과 관련하여 어떤 것을 배웠냐는 질문에 학생들은 "다른 사람의 입장에서 생각을 해 보게 되었다", "이제 친구가 슬픈 일이 있을 때 그 친구를 공감할 수 있다", "친구와 말이 잘 통하게 되었다", "싸이코 소리를 들을 정도로 공감능력이 없던 내가 사람이 된 것 같고 공감능력을 느끼게 해 주어 고맙다" 등 수업과정에서 인물에 공감을 보이는 것뿐만 아니라, 실제 생활에서 친구 관계에 있어 공감능력이 향상되었음을 알 수 있었다. 이렇게 학생들은 이야기 속 등장인물이 되어 그 인물의 삶을 살아보고, 그 입장에서 생각하고 느낌으로써 자신이 맡았던 그 역할의 인물을 누구보다 잘 이해하게 되었다. 이는 공감의 폭을 넓히는데 중요한 역할을 하고 있는 것이다. 또한 이러한 공감능력의 향상은 학교생활에 있어 적응 능력을 증진시키고 더 나아가 학교폭력 예방에 효과적인 매개 역할이 될 수 있음을 시사한다.

(2) 친사회적 행동의 효과

A. 프로그램 참여 전, 후 친사회적 행동 변화에 대한 t 검증

학생들이 본 프로그램 참여 전후로 친사회적 행동 변인에서 차이가 있는지 보기 위하여 t 검증을 실시하였고, 그 결과는 아래 표에 제시하였다. 그 결과, 친사회적 행동은 프로그램 실행 전후로 유의미한 차이가 있었다($t = 6.267$, $p < .001$). 즉, 교육연극은 친사회적 행동을 향상시키는 데 효과가 있다는 것을 보여주었다.

| 표 15 | 프로그램 참여 전, 후 친사회적 행동 변인에서의 차이

변인	프로그램 참여					t	p
	후		전				
	N	M(SD)	N	M(SD)			
친사회적 행동	45	101.58(16.604)	45	80.2667(15.16185)		6.267	.000

B. 프로그램 참여 전, 후 친사회적 행동의 하위요인 변화에 대한 t 검증

학생들이 본 프로그램에 참여 후에 친사회적 행동 하위요인에서의 차이가 있

는지를 보기 위하여 t 검증을 실시하였고, 그 결과는 <표 16>에 제시하였다. 그 결과, 친사회적 행동의 모든 하위요인에서 프로그램 전후로 유의미한 차이가 나타났다. 즉, 교육연극은 청소년의 친사회적 행동의 모든 하위요인을 향상시키는 데 효과가 있다는 것을 보여주었으며, 본 프로그램이 친사회적 행동의 모든 하위요인을 향상시킬 수 있도록 구성되었다는 것을 의미한다.

| 표 16 | 프로그램 참여 전, 후 친사회적 행동 하위요인에서의 차이

하위요인	프로그램 참여				t	p
	후		전			
	N	M(SD)	N	M(SD)		
도움행동	45	18.49(3.653)	45	14.62(3.106)	4.932	.000
공감행동	45	20.38(3.359)	45	16.69(3.522)	5.384	.000
보호행동	45	19.31(4.050)	45	15.04(4.301)	4.937	.000
나눔행동	45	13.64(2.723)	45	9.80(2.849)	6.341	.000
친절행동	45	13.56(1.984)	45	12.13(2.727)	2.789	.008
협력행동	45	16.20(3.514)	45	11.98(3.230)	6.554	.000

또한 친사회적 행동과 관련하여 어떠한 것을 배웠냐는 질문에 "수업을 통해 내가 어떻게 친구를 대해야 하는지 배웠다", "다른 측면의 아이들을 알게 되었다", "친구와 더 가깝게 지낼 수 있는 방법을 알았다" 등으로 응답하였으며, 이는 친사회적 행동에 관한 결심과 실천들이 수반되었다는 것을 보여준다. 이러한 친사회적 행동의 증진은 원만한 또래관계를 구축할 수 있는 구체적인 방안을 모색하는 데 도움이 될 수 있음을 말해준다.

(3) 학교폭력예방 교육연극 프로그램의 만족도

프로그램 완료 후, '프로그램의 만족도' 조사결과는 아래의 표와 같다. <표 17>에서 보듯이 매우 만족은 36명(80%)으로 매우 높았으며 다음으로 보통은 5명(11.1%), 만족은 4명(8.9%) 순으로 나타났다.

| 표 17 | 프로그램 만족도(N=45)

매우 만족	만족	보통	불만족	매우 불만족
36명(80%)	4(8.9%)	5(11.1%)	0(0%)	0(0%)

그 외의 주관식 설문에 대한 학생들의 응답은 아래와 같다.

> "꿀잼. 연극을 하면서 친근감을 겪었고, 좀 더 활발한 것 같아 기뻤고 재미있었다."
> "토요일마다 학교 오는데, 올 때마다 항상 재미있었다."
> "재미있었고 또 하고 싶다."
> "토요일에 일어나기 힘들었지만 재미있었다."

5) 결론 및 논의

청소년들에게 인성과 사회성 발달의 중요한 항목인 공감의 부재가 심각해 보인다. 공감의 부재는 학교폭력이 지속되고 있는 원인 중 하나로 꼽히고 있다. 또한 공감은 친사회적 행동, 특히 이타행동과 정적인 상관관계를 보이고, 친사회적 행동에 대한 동기를 유발하는 중재자 역할을 하는 등 공감능력과 친사회적 행동은 밀접한 상관관계가 있는 것으로 나타났다(Batson, Ahmad, Lishner & Tsang, 2002; Hoffman, 1982). 이에 따라 학교폭력을 예방하기 위한 다양한 프로그램이 필요해 보이는데, 이 사례에서는 현장학교와 연결하여 교육연극 전문가인 필자가 교육연극을 활용한 학교폭력예방교육 프로그램을 개발, 실행하였으며, 이 프로그램이 학생들의 공감능력 및 친사회적 행동에 어떠한 효과를 가져 오는지 검증하였다. 본 사례의 결과를 요약하고 논의하면 다음과 같다.

첫째, 교육연극을 활용한 학교폭력예방교육 프로그램은 중학생들의 공감능력의 영역에서 효과적인 것으로 나타났다. 직접적인 비교는 어렵지만, 임다혜(2016)의 연구에서 교육연극 프로그램에 참여한 학생이 공감능력의 하위요인별 점수에서 유의미하게 높은 것으로 나타난 결과와 맥을 같이 한다. '공감'은 상대방의 감정, 느낌을 그대로 이해하고 그것을 소통하는 능력으로, 학교폭력 등 비행과 문제행동을 예방하고(한명수, 2001), 대인관계 개선 및 인성발달에 도움을 준다. 또한 이는 자신·타인의 정서조절에도 도움이 됨을 추측할 수 있으며, 사회·문화적 관계형성에 있어 많은 성장이 필요한 청소년기에 매우 중요한 역할을 하고 있다.

둘째, 교육연극을 활용한 학교폭력예방교육 프로그램은 중학생들의 친사회적 행동의 영역에서 효과적인 것으로 나타났다. 지금까지 선행연구들을 살펴보면 아동 대상의 연구만 존재하고, 중등 대상의 연구는 존재하지 않고 있다. 다만 초등학생을 대상으로 실행한 유지원(2014)의 연구결과와 맥을 같이 한다. 그녀는 친사회적 행동의 하위영역 중 나누기를 제외한 도와주기, 협동하기, 위로하기에서 유의미한 결과를 가져왔다고 보고하였다. 아마도 교육연극프로그램에서 나누기에 관련된 내용이 누락되었기 때문에 그러한 결과가 나타났을 것이라고 해석하였다. 그리고 필자가 구성한 프로그램을 가지고 학생들과 어떻게 프로그램을 실행하는지도 중요하다. 청소년들의 공감 및 친사회적 행동을 증가시키기 위해 교육연극을 활용하려는 교사는 학생들의 참여를 이끌어내는 것뿐만 아니라, 학생들 내면의 생각의 변화를 이끌어내게 하는 역량이 필요하다.

이상의 사례 결과를 본 프로그램의 연구 문제와 관련지어 본 사례가 시사하는 바를 논의하면 다음과 같다. 첫째, 학교폭력예방 교육연극프로그램은 중학생의 공감능력과 친사회적 행동을 향상시키는 데 효과적이었음을 보여주었다. 이는 양적 분석뿐만 아니라 정성적 분석을 통해서도 확인할 수 있었다. 학생들은 9회기 교육연극 프로그램을 거치면서 다양한 인물의 입장이 되어보는 경험을 하였다. 때로는 강자의 입장에서, 때로는 약자, 조력자, 방관자 등 객관적인 제3자의 입장에서 상황을 바라보고 동료들과 상호작용하며 연극을 진행해 나갔다. 이 과정에서 그들은 다른 사람의 입장과 상황을 상상하고 이해하며 그 감정을 느껴보았다. 이러한 경험들을 통해 학생들은 타인의 입장이 되어 상황을 바라보고 상상하는 것에 더 익숙해지고, 상대방이 느끼는 것을 함께 느낄 수 있게 되었다. 또한 '앎'과 '행함' 사이에 '느낌'을 채워주는 연극이야말로 중요한 교육적 도구임을 알 수 있었다(구민정, 2013).

둘째, 본 사례는 특정 교과에서 공감능력 및 친사회적 행동을 지도한 것이 아니라, 교육연극 형식에서 학생들이 자발적으로 학습을 하도록 도움을 주었다. 그래서 주제나 요소별로 묶어 인지, 정서, 사회적 요소들을 고루 지도할 수 있었다.

이렇게 교육연극을 활용하면 학생들은 흥미를 느끼고 적극적으로 참여하여 학습의 주도자가 될 수 있다. 뿐만 아니라 적극적으로 참여하는 과정에서 그들의 생각을 공유하고 그들 내면의 생각이 변화될 수 있는 것이다. 이때 학습은 일방적으로 교수자에서 학습자로 전달된 것이 아니고, 동료들과 함께 상호작용하면서 연극을 만들어가며 이루어지게 되는 것이다.

위의 논의를 기반으로 본 사례의 제한점 및 후속 연구를 위한 제언을 제시하면 다음과 같다. 첫째, 본 사례는 경기도 A지역의 B중학교라는 제한된 지역에서 진행되었다. 그러므로 물리적, 지리적 제한점 때문에 본 사례의 결과를 일반화시키기에는 제한점이 있다. 추후 연구에서는 좀 더 광범위한 지역에서 보다 많은 참여자들을 대상으로 프로그램을 진행하는 것이 필요해 보인다. 둘째, 교육연극 프로그램의 구성 내용이 치밀해야 하며, 프로그램을 진행하는 교수자의 역량이 매우 중요하다. 단순히 연극놀이나 게임 기법에 의존해서는 학생들의 공감능력 및 친사회적 행동의 향상은 기대하기 힘들다. 프로그램의 목적에 맞게 다양한 응용과 적용이 필요하며, 체계적이고 통합적인 구성으로 전문성을 갖추어야 한다. 이를 위해 교수설계자는 교육연극에 대한 전문적인 지식을 체계적으로 갖추고 있어야 한다. 또한 프로그램을 진행하는 교수자의 역량이 중요한데, 교수자에게는 섬세한 관찰력을 통해 프로그램 및 운영에 대한 정확한 이해가 요구되며, 민감한 청소년을 유연하게 받아들일 수 있는 노련함이 필요하다. 셋째, 본 사례를 통해 나타난 긍정적인 변화가 추후에도 지속될 수 있도록 후속활동을 개발할 필요가 있다. 공감은 단시간에 형성되고 유지되는 것이 아니므로 프로그램이 완료된 후에도 공감이 지속되어 청소년들의 삶에 긍정적인 영향을 미칠 수 있도록 장기적으로 대상자들의 변화를 살펴보는 후속연구가 개발되고 실행되어야 할 것이다.

교육연극의 미래

교육연극의 미래

① 교육연극 활용 시 고려사항

본 절에서는 앞서 다섯 사례들을 통해 학교교실의 맥락에서 교수학습방법으로서 교육연극의 활용방안과 시사점을 도출하였다. 또한, 교육연극 활용 시 고려해야 할 사항을 정리해 보았다. 우선 앞에서 언급한 사례 연구들은 교수학습방법으로서 교육연극의 활용 가능성을 탐색하기 위하여 학교현장에서 이루어진 교육연극의 실천 사례 연구들이다. 이 사례들은 각기 다른 취지와 맥락에 기반을 두었고 상이한 학습자 집단과 관련되었다. 따라서 사례 연구들의 결과는 사례 간 공통점과 각 사례별 특수성이 주는 시사점으로 나누어 논의할 수 있다. 우선 앞의 사례에서 공통적으로 도출된 교육연극의 특징은 다음과 같다. 첫째, 교육연극은 참여하는 모든 학생들에게 공조학습의 기회를 제공하는 것으로 나타났다. 공조학습이란 연극 활동을 통해 드러난 경험의 공동구성 과정을 의미하며 이 경험은 "공조경험"이 되는 것이다(김경애, 2013). 공조학습 과정은 학습자들 간에 공유된 목적이 있고, 신뢰에 바탕을 둔 관계에 기반을 둘 때 효과적이며 개인이 가지고 있는 기존의 경험세계가 공조의 자원으로 적극 활용된다. 앞서 제시된 사례들의 경우 이 공조경험의 형성방법에는 차이는 있으나 기본적으로는 학생들이 공연의 주제를 정하고 대본을 만드는 과정에서 함께 수업을 만들어간다는 인식을 하는 것으로 나타났다. 즉, 교육연극 방법은 개인의 다양성을 통합해 전체성을 이루어가는 역동적인 상호작용을 허용하기 때문에 이 과정에서 학생들은 설정된 주제와 관련하여 자기 경험과 인식을 공유하게 되는 것이다.

둘째, 교육연극은 협동심과 표현력 개발에 도움을 주는 것으로 나타났다. 이는 여러 사람과 함께 작업을 해야 하는 연극이라는 매체의 특성 때문에 학생들이 자연스럽게 경험하게 되는 교육 효과이다. 본 사례에 참여한 학생들 역시 서로를 배려하고 협동하며 타협과 협상의 과정을 통해 갈등을 해결해 나가는 모습을 보여주었다. 특히 다문화 학교 수업의 경우 특정 학생에 대해 가지고 있던 부정적인 인식이 사라지고 그 학생의 대사를 만드는 작업을 도와주는 학생들의 모습이 보였다. 또한 남해예술축제의 경우 학생들의 표현력이 전반적으로 향상되었으며 소극적 성향의 학생들도 교육과정이 진행됨에 따라 적극적으로 변화하는 모습을 보여 주었다. 이는 교육연극이 일반적인 연극 형식과 달리 이미지 만들기가 첨가되어 학생들의 표현 욕구를 자극하기 때문이다(Hewson, 2007). 이러한 결과들은 교육연극이 자신감이 부족하고 사회성이 낮은 학생들의 발표력과 표현력을 증진시키는데 효과적인 교수학습방법이 될 수 있음을 시사한다.

그리고 각 사례별 특수성과 관련해서 교육연극은 다음과 같은 효과를 가져오는 것으로 나타났다. 첫째, 다문화 학교 사례에 있어서 교육연극은 학생들의 공감능력 개발에 효과적인 것으로 나타났다. 이 학생들은 교육연극 수업을 통해 자신이 학교생활 적응에 있어 겪었던 어려운 점들을 연극에 투영하면서 자신과 역할 내 인물을 동일시하여 공감하는 모습을 보였다. 헤스코트(Heathcote)는 교수학습의 원리로써 공감원리를 설명하였는데 이는 자신이 타인이 되는 것이 아니라 타인의 입장에 서보고 그 입장에서 생각하고 반성한다는 의미이다(Bolton,

2003). 즉, 인물들은 '마치 ~인 것처럼(as if)'의 허구 세계를 창조함으로써 경험을 구체화하는 것이다(정성희, 2006). 이러한 원리로 학생들은 역할을 통해 타인의 감정을 공감하고, 나아가 타인의 입장에서 사고하고 행동할 수 있는 것이다.

둘째, 학교폭력예방 수업의 경우, 교육연극은 학생들에게 당면한 문제를 어떻게 해결해야 하는지를 고민하게 하는 과정중심의 학습활동을 요구하는 것으로 나타났다. 이러한 과정 지향적인 학습은 문제 중심 학습법(Problem Based Learning)과 일맥상통하는 면이 있다. 문제 중심 학습방법이란 실제의 상황과 유사한 문제의 해결을 위해 학습자들이 공동으로 해결방법을 탐구하는 과정을 통해 다양한 학습경험을 유도하는 교육적 접근방식을 일컫는다(Barrows & Hmelo-Silver, 2008). 학교폭력예방수업 사례에서 극의 갈등을 해결하려는 학생들의 시도가 비록 문제 해결의 측면에서 완결된 형태로 끝나지는 않았지만 이들이 이 문제에 대해 함께 논의하는 활동을 체험했다는 사실 자체가 매우 드문 교육적 경험이자 효과라고 볼 수 있다. 학생들이 교육연극을 통해 직접 구체적인 상황 속으로 들어가 문제를 해결하기 위해 노력하는 것은 그들의 의식에서 쟁점을 구체화시키는 작업이기 때문이다(Houston et al., 2001). 즉, 교육연극은 학생들 개개인의 관심, 이전 경험을 바탕으로 대본을 극작하고 연극을 만드는 과정을 통해 학생들 스스로가 문제를 인식하고 해결하게 하는 방법이 될 수 있다. 따라서 교육연극에서 학습자들은 단순히 '아는 것'이 아니라, '앎의 과정에 관여하는 교육'을 체험함으로써 타인의 의사결정을 수용하기보다는 스스로가 의사결정에 참여하고 그 결과를 검증하는 과정을 경험하게 되는 것이다(정성희, 2006).

셋째, 다문화 학교와 남해예술축제의 경우, 교육연극은 학생들의 연극 예술에 대한 태도 변화를 가져오는 것으로 파악되었다. 특히 남해지역의 학생들은 연극 놀이를 통하여 어려운 줄 알았던 연극이 재미있고 쉬운 작업이라는 인식을 하게 되었다고 하였다. 또한 자신들이 직접 연극을 만들었다는 사실에 상당한 자부심을 갖는 모습도 보여주었다. 이렇듯 학생들 자신의 경험을 소재로 하는 연극은 예술적 창조와 개인적 체험을 가깝게 하고, 이를 효과적으로 직접 연결하는 작업이 될 수 있다. 이런 점에서 비고츠키(Vygotsky, 2004)는 연극이 모든 아동의 창조의 근원인 놀이와 직접적으로 연결되며 아동의 연극 상연은 놀이로서 최대의 가치를 지닐 수 있음을 언급하였다.

여기에 덧붙여 교육연극을 학교 내외 수업이나 프로그램에서 실행하고자 할 때 교사나 교수설계자가 고려해야 할 사항들을 제시해 보았다. 아래의 표는 이러한 사항들을 수업 전, 중, 후로 나누어 정리한 것이다.

| 표 18 | 교육연극 수업 실행 시 고려해야 할 사항

수업 전	수업 중	수업 후
- 수업 시간, 장소, 학생 인원 및 특성을 파악하였는가? - 수업목표가 학습자들의 연령과 특성에 적합한가? - 목표 설정을 위한 효과적인 전략을 세웠는가? 예) 짝을 이룬 그룹, 소그룹, 전체 활동 예) 연극의 점차적인 접근/직접적인 접근 예) 학습자에게 적합한 역할 선정 연극 수업의 규칙을 설명하였는가? 예) 배역 설정 시 학생들의 대사량 고려 예) 불필요한 신체 접촉 금지	- 설정-토의-발표-판단의 각 단계에 적합한 시간을 배분하였는가? - 각 활동을 마칠 때 학생들에게 활동에 대한 자기 평가의 시간을 갖게 하였는가? - 수업 목표와 관련된 활동을 진행하고 있는가? - 수업이 계획대로 진행되지 않을 경우, 수업 설계 수정을 고려하였는가? - 학습자들의 생각을 유도하고 그들의 성찰을 깊게 하는 데 도움이 되는 질문을 하였는가?	- 수업 목표를 달성하였는가? - 그 지표는 무엇으로 알 수 있는가? - 학생들의 사소한 의견이라도 존중하고 연극에 적용시켰는가? - 전체 학생들이 수업에 활발히 참여하였는가? - 연극의 진행과정이 적절했는가? - 교사로서 잘했거나 잘못했다고 생각되는 점은 무엇인가?

수업 전에는 우선 수업 시간(기간), 장소와 학생에 대한 정보를 파악해야 한다. 수업 시간(기간)은 학교 교과과정 내에서 교육연극을 활용할 경우 교과목마다 그리고 학생들의 연령과 수업 상황에 맞게 조절할 필요가 있다. 예를 들어, 45분

수업시간 내에 교과목에 대한 이해를 높이기 위해 연극놀이를 사용할 경우 연극놀이의 시간은 10－20분이 적당한 것으로 보인다. 하지만 교과과정 이외에 방과후 수업이나 창의적 체험활동에서 연극놀이를 시도할 경우 일회성의 수업보다는 최소 10회 이상 정기적인 수업이 더 효과적일 것으로 보인다. 앞서 소개한 사례를 종합해 볼 때 수업 장소는 교실보다 조금 넓고 맨발로 활동해도 안전한 공간이 가장 적절한 것으로 나타났다. 수업의 성격에 따라 운동장이나 잔디밭 등 야외 공간이 활용될 수도 있다. 하지만 기존 교실에서 수업을 진행할 경우에는 책걸상을 교실 한쪽으로 치워 보다 넓은 공간을 확보할 필요가 있다. 학생들의 인원은 보통 15명에서 20명 안팎이 적절한 것으로 나타났다. 하지만 30－40명의 학생(한 학급 규모)들과 함께 진행할 경우에는 두 그룹으로 나누어 한 그룹이 활동하는 것을 다른 그룹이 지켜보게 하는 방법도 효율적이다(나무를 심는 사람들, 2001).

또한 수업 중 교사는 설정－토의－발표－판단 단계로 나누어 교육연극을 진행할 수 있다(심상교, 2004). 첫 단계로 교사는 어떤 주제와 상황으로 학습이 진행될 것인가를 파악하여 학습목표를 설정하고, 학습자들에게 주제나 상황에 적합한 정보를 조사하여 어떠한 역할을 해야 할지 정하도록 한다. 그리고 작품을 만들기 위한 조별작업으로 학생들이 그들의 표현활동을 위한 정보를 토의하도록 지도한다. 발표 단계에서는 토의된 내용을 바탕으로 30초 내외의 특정 동작을 구체화하고 실현해나가며 마지막으로 발표된 내용들이 정해진 주제나 상황과 어떠한 관련성이 있는지 분석하고 평가하는 과정을 거치는 것이다. 이러한 분석과 평가의 과정을 거치지 않으면 교육연극은 학습활동이라기보다 그저 재미있는 놀이로 간주될 수 있기 때문이다(최지영, 2007).

또한 교사는 교육연극 프로그램을 진행하는 과정에서 일어나는 돌발적인 사태에 대처할 수 있도록 다양한 교육과정을 열어 두어야 한다. 이는 비교적 정해진 절차와 과정 속에서 진행될 수 있는 기존의 교수학습 방법과 다른 교육연극의 특징이자 난점이기도 하다. 보통 교사들은 정확한 계획 없이 수업을 진행하는 것을 두려워할 수 있으며 자신이 수업을 통제하지 못한다는 두려움으로 인해 학생들이 스스로 연극을 진행시키고 참여하는 것에 관대하지 못할 수 있다(O'Neil,

2001). 본 사례에서도 학교폭력예방수업의 경우 학생들이 자신의 역할 행동에 충실하지 못하고 수업의 목표에 반하는 행위를 스스럼없이 하는 모습을 보이는 등 필자가 고려하지 못하는 사태들이 발생했었다. 따라서 교사는 열린 가능성 속에서 수업하고 있음을 자각하고 있어야 하며 원래 설정된 수업목표의 달성보다 발생된 사태에 대해 참여자들이 함께 해결해 나간다는 과정에 초점을 두는 편이 교육적 측면에서 더 효과적일 수 있다.

2015 개정 교육과정에서 '연극' 교과는 음악, 미술 교과와 마찬가지로 연극인을 양성하는 것을 목표로 두지 않는다는 것을 교사들은 명심해야 한다. '연극' 교과도 연극의 예술적 특징 혹은 연극학의 지식 체계보다는 교육과정 총론의 철학이나 목적을 이해하여 교과목표를 설정해야 한다. 학생들이 미래사회에서 올바르게 살아가는 데 필요한 역량을 '연극' 교과의 특성 속에서 재해석하고 접근하는 방법을 찾아야 한다. 총론이 제시하는 문화적 이해, 창의성, 의사소통, 문제 해결력, 타인과의 협력, 자아 성취 등 다양한 역량을 추구하는데 기여하는 방법은 '연극'만이 지니는 교과목의 특성 속에서 그 총론적 차원의 역량을 재해석하여 적용하는 것이다(구민정, 2017). 연극은 인지적·정의적·심동적·사회적·심미적 차원의 심층적이고 복합적인 활동이 가능한 예술이다. 이것은 '연극'교과가 교육과정 총론이 제시하는 총체적 역량의 성격을 구현할 수 있는 적절한 교과의 역량을 지닌 교과임을 보여주는 것이다. 즉, 교과 정체성 자체가 2015 개정 교육과정의 '창의 융합형 인재'의 양성에 적합하다는 점을 시사한다.

2015 개정 교육과정에 제시된 '연극' 교과의 목표는 아래와 같다(교육부, 2014).

- 연극과목의 목표는 자신의 생각과 느낌을 창의적으로 표현하여 다른 사람들과 효과적으로 소통하고, 연극 제작의 협업과정을 통해 인간과 사회에 대한 깊은 이해와 통찰력을 갖추고, 연극을 향유할 수 있는 전인적 인간을 육성하는 것이다.
  가. 연극적 표현 방법을 익혀 자신의 생각과 느낌을 창의적으로 표현하고 소통할 수 있는 능력을 기른다.
  나. 연극 제작 과정에 참여하여 타인의 의견을 존중하고 협력하는 능력을 기른다.
  다. 연극 제작 활동을 통해 여러 요소들을 예술적으로 결합하는 능력을 기른다.
  라. 다양한 관점으로 연극을 감상할 수 있는 안목과 연극을 향유하는 태도를 기른다.
  마. 연극의 본질과 가치를 이해하고, 생활 속에서 연극을 활용할 수 있는 능력을 기른다.

교사들은 앞서 교육목표를 바탕으로 교육과정을 설계하고 진행하여야 할 것이며, 설정된 목표를 바탕으로 평가를 하여야 할 것이다. 또한 교육연극을 진행하는 데 있어 교사들에게 요구되는 조건으로 테일러는 아래의 조건들을 강조하였다(Taylor, 1998: vi).

- 학생들이 현재 처해 있는 그들만의 독특한 문제가 무엇인지 알아내야 한다.
- 유도와 소통을 가능케 하는 좀 더 섬세한 형식들을 발견한다.
- 학생들이 서로 관계를 잘 맺고, 의사결정을 잘할 수 있도록 자극해야 한다.
- 상상을 통해 실제로 다양한 수행과제들을 실천해낼 수 있는 활동들을 이끌어내야 한다.
- 활동에 대한 다양한 피드백 기술을 발전시킨다.
- 다양한 소재를 가지고 모험을 감행한다.
- 애매모호한 가치들을 수용할 수 있어야 한다.
- 관심을 기울여야 한다.

뿐만 아니라, 교육연극 프로그램을 어떻게 구성하고 진행하고, 이에 따른 교사의 역할은 앞에서도 중요함을 지속적으로 언급하였다. 이외에, 교육연극을 도입하여 수업을 진행하고 난 후 이에 관해 어떻게 평가할 것인가에 관한 문제가 남아 있다. 교육연극은 결과가 아닌, 과정중심의 연극이라는 교수학습방법이라고 1부에서 언급한 바 있다. 그렇다면, 과정중심의 평가를 수행해야 할 텐데, 교사는 어떻게 과정 중심으로 평가를 할 수 있을까? 교육연극 대부분의 연구자들에 의해 교육연극의 평가에 관한 많은 의견이 언급되었는데, 그 중 오툴(O'Toole)과 던(Dunn)은 학생들이 교육연극 활동 전반에 걸쳐 얼마나 효과적으로 준비하고, 대처하고, 그들이 맡은 역할을 구축하고, 표현하고, 반성 및 성찰하는지 고려해야 한다고 하였다(O'Toole & Dunn, 2002, p. 25). 그들은 교사가 반드시 기억해야 하는 중요한 질문을 제공하고 있다. 그것은 다음과 같다.

- 나는 학생들이 무엇을 학습하기를 원하는가.
- 학생들이 극의 맥락에 효과적으로 참여하는가. 그들이 연극적 약속을 충분히 이해하고 있으며, 그들의 몰입이 지속되는가.
- 학생들이 연극의 내용을 적절히 활용하고 있는가. 그들이 연극의 맥락을 이해하고 그 맥락에서 제기하는 시사점을 배우고 있는가.

- 학생들이 극적 활동에서 요구되는 언어적·신체적 요소들을 잘 수행하고 있는가.
- 드라마라는 매체를 학생들이 얼마나 효과적으로 사용하고 있는가. 드라마적 요소들을 수월하고 능숙하게 활용하고 있는가.
- 학생들이 그룹 활동을 통해 원활하게 상호작용하고 서로 학습하고 있는가. 짝 활동, 그룹 활동, 전체 활동 등 다양한 구성원들과 함께 활동하려는 의지가 보이는가.
- 다른 사람의 아이디어나 감정, 태도를 포용하고 있는가. 논의와 협상을 통해 문제를 해결하고 있는가.
- 학생들이 첫째로는 자신의 활동에 대해, 둘째로는 그룹이나 전체 활동에 대해 책임감을 지니고 참여하는가.
- 학생들이 드라마 속에서 요구되는 리더십이나 지원의 다양한 역할을 원활히 수행하는가. 학생들이 스스로 성찰하는 능력을 보이는가. 자신들의 발전에 대한 의견을 표현하는가. 연극의 진행 및 새로운 방향에 대해 적절한 의견을 개진하는가(O'Toole & Dunn, 2002, p. 45).

교사는 교육과정에서 각 차시마다 설정해 놓은 교육목표가 있을 것이다. 그리고 그 교육목표를 효과적으로, 효율적으로 달성하기 위해 과정중심의 교육연극을 도입하고자 할 때, 설정해 놓은 교육목표를 달성했는지 평가를 해야 할 것이고, 이외에 위에서 언급한 과정중심의 평가를 기억해야 할 것이다. 교사는 교육연극 수업을 진행할 때, 필요에 따라 드라마 속으로 적절하게 들어갔다가 나오는 행위를 통해 학생들이 얼마나 드라마에 몰입하고 그들이 무엇을 학습하고 있는지 매 시간마다 주목해야 하는 '참여-관찰자(participant-observer)'의 임무를 수행해야 한다(Taylor, 2012). 그리고 교사는 학생들에게 매 수업시간 마지막에 학생들은 물론 다른 학우들에 대해 성찰하도록 독려하는 질문을 빠뜨려서는 안 된다. 오툴(O'Toole)과 던(Dunn)은 교육연극 수업에서 "자기평가(self-assessment)와 동료평가(peer-assessment)는 평가 방법에서 매우 중요한 요소"임을 강조하였다(O'Toole & Dunn, 2002, p. 28).

교육연극이 진행되는 교실은 학생들의 비판적 성찰, 탐구가 풍성하게 이루어져야 하는 장이다. 교육연극은 드라마의 이야기와 드라마 속 인물을 통해 학생들이 끊임없이 성찰하고 변화할 수 있는 도움을 주는 교수학습방법이며, 이러한 교육연극의 특성이 평가에 명확하고 분명하게 반영되어야 할 것이다. 교사는 학생들이 그들 스스로 어떻게 성장하고 발전하고 있는지를 수시로 점검할 수 있는 평가의 다양한 방안, 루브릭을 고안해야 할 것이다. 교실에서 수업하고 있는 교사는 '다음에 무슨 활동을 진행하지?'라는 질문보다는 '지금 내가 무엇을 하고 있지?'라는 질문을 자신에게 계속 던짐으로써, 학습내용의 필수적 특성들을 분석하고, 그 형식과 내용을 학생들과 함께 점검하는 기회를 제공해야 한다. 예비교사 혹은 교사들은 학생들의 생각을 변하게 하고, 마음을 움직이게 하며, 행동이 변화하도록 만드는 예술의 힘을 결코 잊어버려서는 안 된다. 행동(Action), 성찰(Reflection), 변화(Transformation)가 바로 예술(ART)이며, 이것이 바로 교육연극 수업을 좌우하는 세 가지 양식이다(Taylor, 2012, p. 211).

요약하자면, 교육연극은 공연예술 중심의 연극과 달리 참여자의 표현력과 상상력, 개인의 개성과 창의성, 그리고 잠재력을 개발할 수 있는 과정중심의 교육에 활용될 수 있는 교수학습 방법이라고 할 수 있다. 앞서 사례들 역시 교육연극이 학교 안팎의 교육 현장에 적용될 수 있으며 학생들의 창의성, 협동성, 표현력, 예술적 감수성을 개발하는 데 긍정적으로 기여할 수 있음을 보여주었다. 하지만 사례들의 맥락들이 모두 다르고 참여자들이 소수의 초, 중학생이었으며, 수업 목표, 방법, 기간이 상이하여 그 결과를 청소년 교육에 일반화하기에는 제약이 있다는 점을 밝혀둔다. 교육연극의 교육적 활용에 대한 후속 연구들은 초, 중학생 뿐만 아니라 성인과 노인 등 좀 더 다양한 학습자 집단을 대상으로 하여 다양한 주제에 대한 이해를 높이기 위한 교수학습 방법으로서 교육연극에 대한 인식의 지평을 넓혀갈 필요가 있다. 이런 연구가 축적될 때 더 많은 교사들이 자신감을 갖고 더 창의적으로 교육연극 방법을 교육현장에서 활용할 수 있을 것이다.

② 교육연극은 교육인가? 연극인가?

교육연극은 국내에 소개되고 정착된 지 불과 20년 정도 밖에 되지 않았다. 그러나 그 기간 동안 개념과 활용방안, 실천 사례 등이 연구물들을 통해 급속하게 확산되고 있다. 하지만 교육연극은 교육과 연극이라는 두 분야가 접목하면서 파생되는 관점의 차이로 인해 교육연극 영역의 독자성에 대한 논란이 존재했다(김병주, 2008). 여기에는 두 가지 관점이 있는데, 하나는 교육연극을 하나의 예술로

보는 시각이다. 이 입장의 대표적인 인물들로 슬레이드(Slade), 웨이(Way) 등을 들 수 있다. 슬레이드(Slade)는 아동이 행하는 연극 그 자체가 예술이고, 그 자체만으로 충분히 중요하다는 점을 주장하고(Slade, 1954: 105), 웨이(Way)는 즉흥극과 역할극을 통한 아동의 전인발달을 강조하였다(Bolton, 1999). 이는 '마치 ~인 것처럼' 인물의 역할을 맡아 교육연극의 '장점'인 즉시성과 자발성을 기반으로 집중력, 상상력, 직관, 언어 능력 등의 기술 습득을 주장한다. 특히 슬레이드(Slade)는 아동들은 교사의 간섭으로부터 자유로워야 한다고 주장하였다(Bolton, 1999).

또 다른 입장은 교육연극을 교육목표를 달성하기 위한 하나의 도구이자 수단으로 바라보며, 학교의 맥락에서는 예술성보다 교육적 측면을 우선시하는 관점이다. 이 입장의 대표적인 인물로 헤스코트(Heathcote)와 오닐(O'Neill)을 꼽을 수 있는데, 헤스코트(Heathcote)는 가르치는 것이 무엇이든 그 교육과정에 의해 허구가 결정되며, 교육연극은 학습자들의 행위를 통해 동일시라는 과정을 거쳐 허구를 만드는 것이라는 정의를 내렸다(Bolton, 1999). 오닐(O'Neill)은 헤스코트(Heathcote)보다는 극의 예술형식에 주안점을 두어 구조와 자발성이 내포된 즉흥을 강조하였다. 그녀는 학생들이 개념을 파악하며 복잡한 쟁점을 이해하고, 동시에 창의적이면서 협조적인 드라마 작업을 위해서는 구체적으로 완성된 구조가 수립되어야 한다고 주장하였다(O'Neill, 2001). 이 입장은 '역할 속 교사' 기법을 활용하여 협력 예술가로서 학생들과 함께 작업하는 것이 교사의 목적임을 말한다. 학생들이 그들 자신과 그들이 사는 세상을 이해하고, 학습 경험을 구조화하는 것 또한 교사의 목적이라는 뜻이다(Bolton, 1999; O'Neill, 2001). 이 관점에 대해 김유미는 교육연극이 교과 학습을 위한 도구로 사용될 수 있지만, 만약 이렇게 된다면 교육연극은 그저 학습을 위한 도구로 전락되기 때문에 교육연극의 '장점'을 살리지 못한다는 점에서 아쉬움이 남는다고 하였다(김유미, 2013: 349).

이처럼 교육연극을 바라보는 관점에 따라 교육연극은 태생적인 한계를 지니고 있다고 할 수 있다. 한귀은은 교육연극은 그 태생부터가 '잡종'으로 단순히 교육과 연극의 교접에 그치지 않고, '무엇'의 교육을 위한 연극이기 때문에 '무엇' 자리에 어떤 것이 들어가느냐에 따라 교육연극의 자질은 달라진다고 하였다(한귀은, 2002: 364). 즉, '사회' 교육을 위한 연극, '과학' 교육을 위한 연극, '인성' 교육을 위한 연극 등 그 수를 헤아리기 어려우며, 무엇이든 수용하는 것이 교육연극이고, 아이러니하게도 그 최대한의 수용성이 교육연극을 더욱 모호하게 만든다고 하였다(한귀은, 2002). 김병주는 교육과 연극의 접목인 교육연극은 지식을 '가르치는' 것보다는 체험과 대화, 이해를 통해 '배워가는' 과정이라고 하였다(김병주, 2008: 52).

3 교육연극의 동향과 미래전망

이상에서는 교육연극을 교육의 입장에서, 혹은 연극의 입장에서 바라보며, 교육연극의 가능성과 한계에 대해 살펴보았다. 또한 지금까지 교육연극의 개념, 종류, 교육적 효과 등 이론과 이를 바탕으로 다양한 교육의 장에서 교육연극을 활용한 실천 사례들을 살펴보았다. 우선 다시 한번 되짚어 본다면, 교육연극의 교육적 가치는 여러 학습이론을 통해 이론적으로 뒷받침되고 있는데, 그 중 대표적인 듀이(Dewey)의 경험주의 교육관에 입각해 볼 때 연극적 행위는 학생들에게 구체적 상황을 제공해 주고, 그 상황에서 학생들이 자발적으로 참여하여 구체적 조작을 함으로써 의미를 발견하도록 돕는다. 이는 기존의 관념적 지식을 학생들에게 주입시키는 교사 중심의 교육 방법에 대한 하나의 도전인 진보적 교육 철학이라 할 수 있다. 따라서 경험주의 교육 철학은 교육연극 학습에 있어 방법적 이론의 근거를 제공한다. 그 외에도 피아제(Piaget)의 인지구성주의, 비고츠키(Vygotsky)의 사회구성주의 학습이론이 교육연극 학습에 있어 큰 영향을 미쳤다. 이를 교육연극적 관점에서 보면 연극적 방법은 학생들이 문제에 대한 의미들을 다양한 방식으로 공유하고 문제를 해결해 나가는 의미 협상 과정이라 할 수 있다.

이러한 학습이론들을 바탕으로 연극의 교육적 효용 가치를 일찍이 파악한 영국과 미국의 경우에는 학교교육과정에서 연극이 적극적으로 활용되고 있을 뿐만 아니라, 대학에도 교육연극 전공이 있어 교육연극에 대한 연구가 활발히 전개되어 왔다. 반면에 우리나라는 교사들의 소모임을 중심으로 교육연극이 전파되고 대안적 교육방법으로서 사용되어 왔다. 그리고 교육연극을 전문적으로 가르치는 기관이 없어 교육연극 전공자도 매우 드물고 체계적인 연구가 이루어지지 못하였다. 그러다가 한국예술종합학교 연극원 전문사 과정에 아동청소년극 전공이 개설되었고, 재빠르게 한국교육연극학회가 2000년에 설립되었다. 이를 시작으로 2005년 서울교육대학교 교육대학원에 교육연극 지도교사 양성 특별과정이 개설되었다. 또한 2008년에는 동 대학원 석사학위과정에 교육연극 전공이 설치되면서 교육연극에 대한 학문적 관심과 연구가 활발히 이루어지는 토대가 마련되었다.

교육연극에 대한 관심은 교육연극 전공 교사를 배출하고, 교육연극을 체계적으로 연구하기 위한 학계의 노력뿐 아니라, 학교교육과정의 개정을 통해서도 볼 수 있다. 구성주의 교육이 실천적 학습방법으로 주목을 받으면서 구성주의는 지난 7차 교육과정 개정의 새로운 패러다임으로 그 역할을 하였다. 그리고 2009 개정 교육과정에 이르러 학생들이 적극적이고 주도적으로 학습할 수 있는 새로운 교육방법에 대한 요구와, 교육연극에서의 능동적·활동적·창의적 교육방법이 맞아떨어지게 되면서 교육연극을 적극 수용할 수 있는 계기가 마련되었다. 뿐만 아니라 2015 개정 교육과정에서는 연극 과목이 고등학교 일반선택과목으로 개설되었다.

교육연극은 연극이라는 단어 때문에 학생들에게 연극을 가르치는 방법론이라는 짐작의 해석이 있기도 하다. 그러나 교육연극은 공연을 위한 연극교육에 초점이 있는 것이 아니라, 연극의 다양한 기법들을 활용한 수업방법론이며, 심미적 교육을 위한 방법론 내지 수단 또는 매개체이다. 즉, 교육연극은 연극의 표현 수단인 언어와 몸짓을 교육적으로 활용하는 것이다. 연극 단원의 도입 및 연극교과의 개설, 연극 관련 학습주제의 증가는 실제 교육과정 운영에서 활동중심, 과정중심의 학습을 가능하게 하는 초석을 마련한 것이라 할 수 있다. 더불어 교육연극의 활용을 불가피하게 만들고, 교육연극의 위상을 높일 수 있게 되었다. 그렇다면 교육연극 미래에 대한 전망을 해 본다면, 우리는 어떠한 고찰을 할 수 있을까?

어느 분야라고 앞으로의 10년이 중요하지 않을 수 있을까? 하지만 우리 청소년들과 밀접한 관계를 갖는 교육연극이야말로 어느 분야보다도 시대 변화에 대응해야 할 치열한 도전을 받을 것으로 예상된다. 교육연극이 지난 20년 남짓의 기간 동안 겪은 변화보다 더 급격한 변화가 예상되는 앞으로의 10년 동안 과연 미래 청소년들을 위한 수업, 작업이 어떻게 펼쳐질 것인가 하는 과제는 엄청난 도전임에 틀림없다. 도전이 있는 삶은 힘들지만 한편 복 받은 삶이다. 더욱이 그 도전이 미래를 거머쥘 청소년들을 위한 것일진대 복은 곱절이 될 것이다.

필자가 교육연극 수업을 하면서 느꼈던 점을 정리해보면 다음과 같다.

첫째, 교육연극을 이해하고, 그 역사와 개념을 이해하는 것이 수반되어야 한다.

둘째, 학교에서 제공되는 교육을 통해, 정말 중요한 것은 자기 자신의 전문성을 발견하고 개발하는 것이라 생각된다. 분명 많은 학습의 기회, 연구의 기회, 실습의 기회가 교사들에게 주어질 것이다. 이러한 기회를 자기 자신의 장점과 본질을 찾아 나가는 중요한 통로이자 기회로 삼자는 것이다.

이제는 이런저런 기관과 단체 등에서 교육연극, 연극놀이, 시민연극 등 다양한 이름을 내걸고 많은 수의 지도자들을 양성하고 있다. 필자도 이렇게 글을 쓰고 있지만, 필자 역시 계속 진화하고 성장해 나가야 함은 분명하다. 우리 모두 나에게 무조건 좋은 것들이 제공되기를 바라기 이전에, 우리 스스로가 교육연극에 대해 더욱 배우려 하고, 개척해 나아가야 할 것이다.

고소미(2007). 게임중심 공감훈련 프로그램이 초등학생의 공감능력, 교우관계 및 갈등해결 전략에 미치는 영향. 한국교원대학교 석사학위논문.

교육부(2014). 초중·등 교육과정 총론 별책 1. 서울: 교육부.

구민정(2013). 예술교육을 통한 민주시민성 함양 사례: 연극을 중심으로. **한국예술연구**, 8, 137－156.

구민정(2017). <연극>교과의 정립을 위한 교육과정편성 원리의 지향점 고찰. **연극교육연구**, 28, 5－38.

구민정·권재원(2008). 한국 교실에 적합한 교육연극 모형의 개발과 적용. 한국학술정보(주).

구명옥(2001). 교육연극의 실제적 방법론. 민병욱·심상교 편. **교육연극의 이론과 실제**, 서울: 연극과 인간, pp. 365－386.

권재기·우주희(2007). 비행청소년을 위한 토론연극 프로그램의 효과성 분석. **청소년학연구**, 14(6), 229－255.

김경애(2013). **어떻게 연극은 학습인가?: 문화예술경험에 대한 평생교육학적 해석.** 학이시습.

김미숙(2004). 대인문제해결 훈련이 피배척아의 대인문제 해결력과 친사회적 행동 및 학교 생활 적응에 미치는 효과. 여수대학교 석사학위논문.

김민주(2011). 부모애착이 친사회적 행동에 미치는 영향: 공감능력의 매개효과. 경남대학교 석사 학위논문.

김병주(2007). 교육연극의 복학성과 교육의 지향점. **교육연극학**, 2, 1－17.

김병주(2008). 연극을 통한 교육, 문화, 그리고 사회적 변화－참여와 소통의 교육연극 방법 론 T.I.E.(Theatre in Education)을 중심으로. **영미문화**, 8(1), 29－56.

김서현(2011). 교육 연극이 다문화가정 아동에 대한 초등학생들의 태도에 미치는 영향 연구. 이화여자대학교 석사학위논문.

김성은(1997). 학생의 감정공명과 학업성적, 학습 내 사회성, 학교에 대한 태도와의 관계에 대한 연구. 중앙대학교 석사학위논문.

김수연(1995). 아동이 지각한 가정환경 과정변인, 사회적 유능성 및 친사회적 행동의 관계 분석. 효성여자대학교 석사학위논문.

김수연(2016). 2015 개정 교육과정이 요구하는 창의·융합형 인재 양성과 핵심역량 함양을 위한 연극의 활용 방안 연구. **한국초등어교육**, 61, 33−61.

김연희(2012). **존 듀이의 교육미학: 예술교육의 철학과 이론**. 서울: 교육과학사.

김유미(2013). 중고등학교 연극교육, 교육연극의 연구동향, **한국문학이론과 비평**, 60, 333−366.

김은영(2011). 문화예술교육 프로그램의 영향에 대한 질적 연구−안산 자바르떼 프로그램에 참여한 저소득층 아동을 중심으로−. **예술경영연구**, 19, 5−31.

김응조(2004). 성인교육에 있어서 교육연극의 활용에 대한 연구. 고려대학교 대학원 석사학위논문.

김지성·이성은(2004). 교육연극을 활용한 말하기 학습이 초등학생의 자기 표현력에 미치는 효과. **교육과학연구**, 35(2), 43−61.

김지옥(2011). 일반아동의 다문화 인식재고를 위한 연극놀이 프로그램 개발과정 연구. 한국예술종합학교 석사학위논문.

김창규(2011). 교육연극을 활용한 편견감소 프로그램이 일반아동들의 장애아동에 대한 태도 변화에 미치는 영향. 경인교육대학교 석사학위논문.

김창아·김영순(2013). 교육연극을 활용한 다문화 대안학교의 한국어교육 프로그램 실행연구. **교육과학연구**, 44(3), 241−269.

김창화(2003). **청소년을 위한 연극 교육**. 서울: 문음사.

나무를 심는 사람들(2002). **연극으로 놀며 배우며**. 나라말.

민병욱(2000). 창의적 드라마의 교육적 효용성에 관한 실증적 연구. **한국연극학**, 15, 149−184.

박성희(2004). **공감학: 어제와 오늘**. 서울: 학지사.

박성희·김경수·김기종·남윤미·이동감·이재용·장희화(2012). **학교폭력 상담 02−중학교편**. 학지사.

박수연(2005). 독일어 교육을 위한 교육연극 활용방안 연구. 이화교육논총, 15, 235−247.

박은희(2001). 교육연극이란 무엇인가?. 민병욱·심상교 편. 교육연극의 이론과 실제. 서울: 연극과 인간, pp. 31−48.

박은희(2000). 교육연극이란 무엇인가. 연극과 인간.

박은희(1996). 교육연극의 실제. **연극연구**, 10(1), 391−414.

박정희(2009). 어머니의 대상관계수준, 아동의 공감능력 및 친사회적 행동의 관계. 인천대학교 석사학위논문.

박지영(2003). 교육연극을 활용한 통합적 국어사용능력 향상 방안. 이화여대 교육대학원 석사학위논문.

박진아(2009). 교육연극을 활용한 한국어교육 방안 연구: 재외동포 청소년을 대상으로. 한국

외국어대학교 석사학위논문.

박찬경(2014). 청소년기 공감능력이 학교생활적응과 학교폭력태도에 미치는 영향. 광운대학교 석사학위논문.

박효선(2007). 교육연극을 통한 시 교수법 연구. 성신여자대학교 석사학위논문.

방빛나의 수상한 비밀. 김수연 글, 표주란 그림, 좋은책 어린이.

배홍(2009). 매체활용 교육연극을 통한 말하기 표현력 신장 방안. 한국교원대학교 석사학위논문.

백성희(2000). 역할놀이 수업이 초등학교 아동의 교우관계 개선에 미치는 영향. 부산교육대학교 석사학위논문.

변윤정(2001). 역할 놀이를 활용한 희곡 교육. **국어교육연구, 33**(1), 47−77.

별난 친구를 소개합니다, 조성자 글, 조윤희 그림, 좋은책 어린이.

사다리연극놀이연구소(2004). 홍보책자.

서울신문(2011). [딱딱한 어린이 교육은 그만!] 연극 즐기며 다문화 배우고. http://www.seoul.co.kr/news/newsView.php?id=20111011015011에서 2012. 5. 28 인출.

서유미(2016). 초등 저학년생의 공감능력 향상을 위한 드라마 프로그램 개발 연구: 경청 교육을 중심으로. **교육연극학, 8**(2), 25−50.

서원준(2010). 다문화가정 자녀의 생활에 대한 문화기술적 연구, 경인교육대학교 석사학위논문.

성민정(2011). 교육연극의 이론적 기초와 실천적 적용에 관한 연구. 동국대 박사학위논문.

세이브더칠드런(2011). 차별방지와 상호존중을 위한 다문화이해 아동극 '엄마가 모르는 친구' http://play.sc.or.kr/에서 2012. 5. 21 인출.

소꿉놀이(2001). 아이들과 함께하는 교육연극. 우리교육.

송세헌(2009). 연극치료가 다문화가정 아동의 사회적 지지, 자기표현 및 자아존중감에 미치는 효과. 원광대학교 석사학위논문.

심상교(2001). 재미있는 연극놀이. 민병욱·심상교 편. **교육연극의 이론과 실제**. 서울: 연극과 인간, pp. 387−400.

심상교(2004). **교육연극·연극교육**. 연극과 인간.

안치운(1999). **연극교육과 제도교육**. 한국연극.

양파의 왕따일기1. 문선이 글, 박철민 그림, 파랑새.

오경아(2009). 초등 도덕교육에서 아동들의 공감능력 향상을 위한 지도방안 연구. 서울교육대학교 석사학위논문.

유아교육사전(2001). 한국유아교육학회 편. 서울: 한국사전연구사.

유지원(2014). 과정드라마를 활용한 학교폭력예방 프로그램 개발−공감과 친사회적 행동을 중심으로. **교육연극학**, 6, 59-80.

오치선(1999). **청소년 지도학**. 서울: 학지사.

오판진(2003). 비판적 사고교육을 위한 연극적 교수-학습 방법에 관한 시론. **문학교육학**, 11, 401-431.

우혜선(1999). 연극놀이의 교육적 활용 방안. **어문학교육**, 21, 267-296.

이은주(1994). 한국의 교육적 현실에 있어서 B. 브레히트의 교육극이 갖는 의미. 한국외국어대 교육대학원 석사학위논문.

이숙정(2001). 아동의 다중지능과 친사회적 행동의 관계 연구. 숙명여자대학교 석사학위논문.

이정순(2000). 교육연극론의 성과와 전망. In **교육연극의 이론과 실제**. 민병욱, 심상교(편). 연극과 인간.

이해경·신현숙·이경성(2003). 청소년 문제행동 평정척도 개발을 위한 기초연구: 청소년자기보고 자료를 중심으로. **청소년학연구**, 10(3), 105-132.

임경란(2005). 교육연극 수업이 학업적 자아개념과 학업성취에 미치는 효과, 부산교육대학교 교육대학원 석사학위논문.

임다혜(2016). D.I.E 프로그램이 초등학교 3학년생의 공감 향상에 미치는 영향. **교육연극학**, 8(1), 27-51.

임부연(2013). Maxim Green의 미학이론에 근거한 어린이 문화예술교육의 이해. 문화예술교육연구, 8(4), 1-21.

장연주, 신나민(2014). 교수학습방법으로써의 교육연극 활용 사례연구. **열린교육연구**, 22(1), 21-40.

장연주(2015). 교육연극을 활용한 다문화교실 액션 리서치: 또래관계 개선을 중심으로. **열린교육연구**, 23(3), 25-44.

장이화(2002). 교육연극 프로그램이 학생들의 자기표현과 자아존중감에 미치는 영향. 홍익대 교육대학원 석사학위논문.

정계숙·김미정·김정은(2002). 교육연극을 적용한 집단상담 프로그램이 유아의 친사회적 행동증진에 미치는 영향. **영유아보육연구**, 8, 107-128.

정계숙·윤갑정(2006). 교육연극을 적용한 또래관계 프로그램의 아동 간 상호작용 증진 효과. **특수아동교육연구**, 8(2), 1-35.

정범모(1968). **교육과 교육학**. 서울: 배영사.

정성희(2006). **교육연극의 이해**. 연극과 인간.

정은숙(2010). 연극놀이를 통한 다문화교육프로그램 적용과 효과성 연구-초등학교 1학년을 대상으로-. 경기대학교 석사학위논문.

최명혜(2008). 교육연극 프로그램이 초등학생의 자기존중감 및 사회성에 미치는 영향. 부산대학교 교육대학원 석사학위논문.

최윤정(1995). 연극놀이의 교육적 효용성 연구. 경성대학교 대학원 석사학위논문.

최지영(1993). 역할연기의 교육적 활용에 관한 연구. 동국대학교 석사학위논문.

최지영(2002). 중등과정에서의 연극 활용, 그 실제와 전망. **연극교육연구**, 8, 213－234.

최지영(2007). **드라마 스페셜리스트가 되자**. 연극과 인간.

최지영(2016). **과정중심연극으로서의 교육연극: 교육연극, 탐색과 여정**. 연극과 인간.

최한나·김삼화·김창대(2008). 청소년이 지각한 또래관계 역량. **상담학연구**, 9(1), 181－197.

최혜란(2008). 교육연극을 활용한 감성중심 환경교육이 초등학생의 환경소양에 미치는 영향. 서울교육대학교 석사학위논문.

친구 몰래. 조성자 글, 김준영 그림, 좋은책 어린이.

파울로 프레이리(2002). **페다고지**. 남경태 역. 그린비.

한국문화예술교육진흥원, 2013 상반기 학교 예술 강사 연극분야 A코스 자료집, 2013, Retrieved from http://www.arte.or.kr/arte/lecturer/resource/detail.do?seq=111, 2013.

한귀은(2002). 21세기 교육연극의 정체성 모색을 위한 학제 간 논의. **한국극예술연구**, 16, 363－393.

한명수(2001). 청소년 비행예방을 위한 공감훈련 프로그램의 효과. 부산대학교 석사학위논문.

함현경(2013). 일상 속 다양한 소재로 창의적 연극 만들기. 일송 미디어.

Anderson, T., & Shattuck, J. (2012). Design－based research: A decade of progress in education research? *Educational Researcher*, 41(1), 16－25.

Babbage, F. (1996). Introduction, In F. Babbage(Ed.), *Working without Boal: Digressions and developments in the theatre of the oppressed,* (pp. 1－9), Routledge.

Barrows, H. S., & Hmelo－Silver, C. E. (2008). Facilitating collaborative knowledge building. *Cognition and Instruction*, 26, 48－94.

Batson, C. D., Ahmad, N., Lishner, D. A., & Tsang, J. (2002). Empathy and altruism In C. R. Snyder & S. L. Lopez (Eds.), *Handbook of positive psychology* (pp. 485－498). New York: Oxford University Press.

Bischof－Kohler, D. (2012). Empathy and self－recognition in phylogenetic and onto－genetic perspective. *Emotion Review*, 4(1), 40－58.

Boal, A. (1985). **민중연극론**. 민혜숙 역. 서울: 창작과 비평.

Boal, A. (2002). *Games for actors and non－actors*(2nd Ed.). Adrian Jackson. translated. Routledge.

Bolton, G. (1979). *Towards a Theory of Drama in Education*. London: Longman group limited.

Bolton, G. (1999). *Acting in classroom drama: A critical analysis*. Portland, Maine: Calendar Islands Publishers.

Burton, B. (2010). Dramatising the hidden hurt: Acting against covert bullying by ado-lescent girls. *Research in Drama Education*, 15(2), 255－270.

Catterall, J. S. (2007). "Enhancing peer conflict resolution skills through drama: An ex-perimental study", *Research in Drama Education*, 12(2), 163－178.

Courtney, R. (1980). *Dramatic curriculum*. Heinemann.

Davis, M. H. (1980). A multidimensional approach to individual differences in empathy. *JSAS Catalog of Selected Documents in psychology*, 10, 85.

Davis, M. H. (1983). Measuring individual differences in empathy: Evidence for a mul-tidimensional approach. *Journal of Personality and Social Psychology*, 44, 113－126.

Day, C. (1983). *Issues in Educational Drama*. New York: The Falmer Press.

Dewey, J. (1916). *Democracy and education: An introduction to the philosophy of education*. Macmillan.

Dewey, J. (1920). *Reconstruction in philosophy*. Dover Publications.

DICE (2010). *The DICE has been cast: Research findings and recommendations on ed-ucational theatre and drama*. DICE Consortium, 2010.

Dickinson, R. · Neelands, J. (2006). *Improve Your Primary School through Drama*. London: David Fulton Publishers.

Eisenberg, N. (1986). *Altruistic emotion, cognition, and behavior*. Hillcdale, NJ: Erlbaum.

Fleming, M. (2006). Justifying the arts: Drama and intercultural education. *Journal of Aesthetic Education*, 40(1), 54－64.

Frasca, G. (2001). Videogames of the oppressed: Videogames as a means for critical thinking and debate. Georgia Institute of Technology Master Thesis.

Gay, G. & Hanley, M. S. (1999). Multicultural empowerment in middle school social studies through drama pedagogy. *Drama Pedagogy*, 72(6), 364－370.

Glaser, B. and Strauss, A. (1967). *The discovery of grounded theory: Strategies for qualitative research*. Chicago: Aldine Publishing Co.

Greene, M. (2001). Variations on a blue guitar: The Lincoln center institute lectures on aesthetic education. **블루 기타 연주곡**. 문승호 역(2011), 서울: 다빈치.

Guerney, B. G. (1977). *Relationship enhancement: Skill－training program prevention and enrichment.* SanFrancisco, CA: Jossey—Bass.

Guroglu, B. C., Van Lieshout, F.M., Haselager, G. J. T., and Scholte, R. H. J. (2007). Similarity and complementarity of behavioral profiles of friendship types and types of friends: Friendships and psychosocial adjustment. *Journal of Research on Adolescence,* 17(2), 357—386.

Haseman, B. & O'Toole, J. (2017). *Dramawise reimagined: Learning to manage the el—ements of drama.* NSW: Currency Press.

Heathcote, D., & Bolton, G. (1994). *Drama for learning: Dorothy Heathcote's mantle of the expert approach to education.* Portsmouth, NH: Heinemann.

Heathcote, D., & Bolton, G. (1998). Teaching culture through drama. In M, Byram. & M, Fleming.(Eds.). *Language learning in intercultural perspective: Approaches through drama and ethnography.* Cambridge University Press.

Heider, F. (1964). *The psychology of interpersonal relations.* New York: Harper & Row.

Hendrix, R., Eick, C., & Shannon, D. (2012). The integration of creative drama in an inquiry—based elementary program: The effect on student attitude and conceptual learning. *Journal of Science Teacher Education,* 23(7), 823—846.

Hewson, A. (2007). Emotions as data in the act of jokering forum theatre. *International Journal of Education and the Arts,* 8(18), 1—21.

Hoffman, M. L. (1982). Development of prosocial motivation: Empathy and guilt. In N. Eisenberg(Ed.), *The development of prosocial behavior.* New York: Academic Press.

Houston, S., Magill, T., McCollum, M., & Spratt, T. (2001). Developing creative solutions to the problems of children and their families: Communicative reason and the use of forum theatre. *Child and Family Social Work,* 6, 285—293.

Hughes, J, and Wilson, K. (2014). Playing apart: The impact of youth theatre on young people's personal and social development. *Research in Drama Education: The Journal of Applied Theatre and Performance,* 9(1), 57—72.

Jackson, T. (1993). *Learning through theatre: new perspectives on theatre in education* (2nd. Ed.). London: Routledge.

Jackson, A. (2002). Translator's introduction to the first edition, In A. Boal, *Games for actors and non—actors* (pp. xxii—xxvii), Routledge: Taylor & Francis Group.

Jennings, S. (1986). *Creative drama in groupwork.* Speechmark.

Johnson, D. W., and Johnson, R. T. (2010). Multicultural education and human relations. 김영순 외 역, **다문화교육과 인간관계.** 서울: 교육과학사.

교사를 위한 교육연극의 이론과 실천

Martin, A. (2001). Large-group processes as action research, In P. Reason & H. Bradbury (Eds.), *Handbook of action research: Participative inquiry and practice* (pp. 200-218), London: Sage Publication.

Kempe, A., & Winkelmann, U. (1998). Das klassenzimmer als buhne: Dramapadogogische Unterrichtseinheiten fur die sekundarstufe. Auer Verlag GmbH, Donauworth. 이경미 역. (2007). **무대가 된 교실: 초등학교 고학년 및 중학생을 위한 교육연극 수업.** 연극과 인간.

Koste, V. G. (1995). *Dramatic play in childhood: Rehearsal for life.* Heinemann.

Landy, R. J. (1982). *Handbook of educational drama and theatre.* Green Press.

McCaslin, N. (2006). *Creative drama in the classroom and beyond* (8th ed.), NY: Pearson.

McDonald, N., and Fisher, D, (2002). *Developing arts-loving readers: Top 10 questions teachers are asking about integrated arts education.* Scarecrow Press.

McGill, R. K., Way, N., and Hughes, D. (2012). Intra- and interracial best friendships during middle school: Links to social and emotional well-being. *Journal of Research on Adolescence*, 22(4), 722-738.

McGregor, L.·Tate, M.·Robinson, K. (1980*). Learning through Drama.* London, Edinburgh, Melbourne, Auckland, Hong Kong, Singapore, Kuala lumpur, New Delhi: Heinemann Educational Books for the Schools Council.

McNaughton, M. J. (2011). Relationships in educational drama: A pedagogical *model. In S. Schonmann (Ed.), Key concepts in theatre/drama education* (pp. 125-130), Sense Publishers.

Mendelson, M. J., and Aboud, F. E. (1999). Measuring friendship quality in late adolescents and young adults: The McGill Friendship Questionnaires. *Canadian Journal of Behavioural Science*, 31(2), 130-132.

Merriam, S. (2009). *Qualitative research: A guide to design and implementation.* San Francisco, CA: Jossey-Bass.

Moore, G. (2014). Drama as a tool for the development of cultural competency amongst secondary school learners, In H. Barnes, & M. H. Coetzee (Eds.), *Applied drama/theatre as social intervention in conflict and post-conflict contexts* (pp. 33-47), Cambridge Scholars Publishing.

Neelands, J., and Goode, T. (2000). *Structuring drama work.* Cambridge University Press.

O'Neill, C. (2001). *Structure and spontaneity: The process drama of Cecily O'Neil.* Taylor, P., Warner, C. (eds.). Trentham Books.

O'Toole, J. (1992). *The Process of drama: Negotiating art and meaning.* London: Routledge.

O'Toole, J., & Dunn, J. (2002). *Pretending to learn: Helping children learn through drama.* Frenchs Forest, NSW, Australia: Longman.

Ozdemir, S. M., & Cakmak, A. (2008). The effect of drama education on perspective teachers' creativity. *International Journal of Instruction,* 1(1), 13−30.

Piazzoli, E. (2010). Process drama and intercultural language learning: An experience of contemporary Italy. *Research in Drama Education,* 15(3), 385−402.

Pinciotti, P. (1993). "Creative drama and young children: The dramatic learning con−nection", *Arts Education Policy Review,* 94(6), 24.

Polisini, J. K. (1988). *The creative drama Book: Three Approaches.* New Orleans: Anchorage Press.

Prendergast, M., and Saxton, J. (2009). *Applied theatre: International case studies and challenges for practice.* Intellect Books9.

Redmond, M. V. (1989). The Function of empathy(decentering) in human relations. *Human Relations,* 42, 593−605.

Rifkin, J. (2010). **공감의 시대.** 이경남 역. 서울: 민음사.

Rogers, C. R. (1975). Empathic: An unappreciated way of being. The Counseling *Psychologist,* 5(2), 2−10.

Rohd, M. (1998). *Theatre for community, conflict & dialogue: The hope is vital training manual.* Heinemann: Portsmouth, NH.

Rooyackers, P. (1997). *101 drama games for children: Fun and learning with acting and make−believe.* Hunter House.

Rosenberg, H. S. (1987). *Creative drama and imagination, transforming ideas into action.* New York: Halt, Rinehart, and Winston.

Rushton, J. P., Chrisjohn, R. D., & Fekkin, G. C. (1981). The altruistic personality and the self−report altruism scale. *Person Individual Difference,* 2, 293−302.

Salas, J. (2005). Using theater to address bullying. *Educational Leadership,* 63(1), 78−82.

Somers, J. (1994). *Drama in the Curriculum.* London, New York: Cassell.

St. Clair, J. P. (1991). *Dorothy Heathcote as philosopher, educator and dramatist.*

교사를 위한 교육연극의 이론과 실천

Unpublished doctoral dissertation. University of North Carolina, Greensboro, USA.

Shaftel, F. R., and Shaftel, G. (1982). *Role playing in the curriculum* (2nd ed.), Englewood Cliffs, N. J.: Prentice Hall.

Shuman, R. B. (1978). *Educational drama for today' schools*. Metuchen, NJ: Scarecrow.

Slade, P. (1954). *Child drama*. University of London Press.

Taylor P. (2012). 연극 수업에 미적 가치를 되살리기. In P. Taylor Ed. **문화예술교육의 도약을 위한 평가-쟁점과 원리.** 백령, 홍영주, 성진희, 김병주 역. 커뮤니케이션북스.

Thrau, H. (1989). Augusto Boal: Theater der Unterdrueckten, Frankfurt: Schrkamp Verlag, 1979, 김미혜 역, **억압받는 자들의 연극(아우구스토 보알).** 열화당.

Vygotsky, L. (2004). Imagination and creativity in childhood. *Journal of Russian and East European Psychology*, 42(1), 7−97.

Walsh−Bowers, R. T., and Basso, R. (1999). Improving early adolescents' peer relations through classroom creative drama: An integrated approach. *Social Work in Education*, 21(1), 23−33.

Way, B. (1967). *Development through drama*. Atlantic Highlands, NJ: Humanities Press.

Weiner, B. (1980). A cognitive (attribution)−emotion−action model of motivated be−havior: An analysis of judgments of help−giving. *Journal of Personality and Social Psychology*, 39, 186−200.

Werner, O., and Shoepfle, G. (1987). *Systematic fieldwork*. Newbury Park, CA: Sage.

Winston, J. (2004). *Drama and English at the Heart of the Curriculum*. London: David Fulton Publishers.

Wolcott, H. F. (1994). *Writing up qualitative research* (2nd ed.), Thousand Oaks, CA: Sage.

Young, D. S. (2012). Youth theatre as cultural artifact: Social antagonism in urban high school environments. *Youth Theatre Journal*, 26(2), 173−183.

부 록

부록 2-1 첫 번째 사례 3회 수업 자료

'엄마와 딸' 즉흥극 대본

엄마의 목표: 딸을 학교에 보내는 것

딸의 목표: 학교에 가지 않도록 엄마에게 허락을 받는 것

딸이 학교에서 돌아온다.

엄마: 너 여기 좀 와서 앉아봐라. 담임선생님께서 네가 학교에 가기 싫어한다고 전화가 왔
　　　는데 그게 사실이니?

딸 : 응. 나 학교 가기 싫어.

엄마: 학교에서 무슨 일 있었어?

딸 : 애들이 자꾸 나를 괴롭혀.

부록 2-2 첫 번째 사례 7회 수업 뉴스 동영상 자료

교실에서 친구 머리에 칠판 지우개를 던졌다가 봉사 활동을 하라는 징계를 받은 중학생이
교장 선생님을 상대로 소송을 냈습니다. 학교 폭력이 아니니 억울하다는 주장인데, 법원은
학교 폭력이 맞고 징계도 타당하다고 판결했습니다. 여러분 생각은 어떠십니까?
지난해 5월, 전남의 한 중학교에 다니는 A군은 칠판에 우스꽝스러운 친구의 얼굴을 그리
며 장난을 쳤습니다. 자기 얼굴이라고 생각한 B양이 그림을 지우자 화가 난 A군은 B양을
향해 칠판지우개를 던졌습니다. A군은 교실에서 친구와 이야기를 하고 있는 B양의 머리
를 향해 지우개를 던지기도 했습니다. 이 사실을 학교에 알린 B양. 결국 A군은 학교폭력
을 행사했다는 이유로 봉사활동 5일과 특별교육을 받으라는 징계처분을 받게 됐습니다.
이에 A군은 교장을 상대로 '처분을 취소해달라'며 소송을 냈습니다. 개인적으로 시비가 붙

　　　　　　　　　　　　　　　　　　　　　　　교사를 위한 교육연극의 이론과 실천

어 다툰 경미한 사건일 뿐 학교폭력이 아니며, 이미 B양과 화해를 했다는 것입니다. 하지만 법원은 A군의 행동이 학교폭력에 해당하기 때문에 처분이 정당하다고 판단했습니다. "다른 학생들이 보는 앞에서 지우개를 던진 것을 친구끼리 단순한 장난으로 보기 어렵다"면서 "B양에게 상당한 수치심이나 모욕감을 불러일으켰을 것"으로 본 것입니다. 법원은 또 화해를 했다고 하더라도, 학교 측의 징계가 지나치게 무거운 것은 아니라고 설명했습니다.

부록 2-3 첫 번째 사례 8회 수업 자료

모둠원을 바꿔 주세요.
"선생님, 이번 수학여행 때 방 배정 때문에 할 말이 있는데요."
"방 배정? 한 방에 여섯 명씩 해서 너희가 자율적으로 정하기로 했잖아."
"그런데 문제가 생겼어요. 우리 모둠 애들이 연지하고 같은 방을 쓰지 않으려고 해요."
"뭐야, 같은 반 친구끼리 같은 방을 쓰지 않겠다고? 이유가 뭐야?"
"연지하고 같은 방을 쓰게 되면 재수가 없대요."
"이 녀석들이 무슨 쓸데없는 말을 하는거야. 너희 정말 혼나야겠구나, 그런 말을 누가 하는 거야."
"누가 그런 말을 하는 게 아니고 우리 반 아이들이 다 아는 사실인데요. 그리고 연지하고 같은 방을 쓰거나 같은 모둠이 되면 다른 친구들한테 왕따 당한다고요."
"어허, 이놈들 정말 못쓰겠구나. 같은 반 친구한테 못하는 말이 없네. 그런 말을 들으니까 더 방을 바꿔 줄 수 없어."
"하지만......"

체육시간
"자 오늘은 피구 경기를 한다."
"아싸, 신난다."
"그럼 팀을 짜도록 하는데 홀수, 짝수로 한다."
 (팀을 짠 후에) "야, 저 바보 또 우리 편이야, 재수 없게. 우린 또 졌네."
"그래. 아예 빼 버리자."
"그건 너무하지 않니?"

"혹시 저 바보 편드는 거야?"

"그건 아니고, 불쌍하잖아."

"아니긴 뭐가 아냐. 명옥이 너 안 되겠다. 너도 쟤처럼 한번 당해 봐야 정신차리겠네."

"그래, 너 요즘 부쩍 연지 편을 들더라. 하여튼 잘해 봐라. 너도 저 바보처럼 대해줄 테니까."

"현주야, 내가 잘못했어. 내가 약간 맛이 갔나봐. 잠시 연지 저 바보가 불쌍해보이다니. 네 말이 맞아. 저 바보 재수 없어. 내 생각엔 아예 피구할 때 쟤만 공격해서 먼저 탈락시 키라고 상대 팀한테 말하면 어떨까?"

악성 댓글과 욕설 문자

"선생님, 저 수진이 때문에 너무 힘들어요."

"무슨 일인데 그러니?"

"수진이가 제 미니홈피에 악플을 남기고 밤마다 번호 없이 욕설 문자를 보내요."

"그런 행동이 수진이라는 것은 어떻게 아니?"

"친구한테 부탁해서 IP 추적을 해 봤는데 수진이였어요."

"수진아, 너 연지에게 악플이나 욕설 문자를 보낸 적 있니?"

"아뇨, 제가 왜 그런 짓을 해요? 저라는 증거 있어요?"

"연지가 IP 추적을 해 보았는데 너라고 밝혀졌어."

"…… 매일 연지가 별것도 아닌 것 가지고 잘난 척하잖아요. 애들 앞에서 말하면 다른 애 들은 저한테만 뭐라고 하고, 그래서 몰래 놀려 준 것 뿐이에요."

부록 2-4 첫 번째 사례 13회 수업 자료

연극과 유사한 상황의 즉흥극

A가 엎드려 울고 있다. B가 교실에 들어온다.

B: 이번 시간 체육이야. 빨리 가자.

A: 난 운동장 안 나가.

B: 왜 무슨 일 있었어?

A: 나 수업 안 나가.

B: 왜 그래? 지후 때문에 그래? 괴롭혀서?

제목: 친구의 비밀

인물: 현진, 죠앤, 민아, 지희, 앤디, 순미, 신걸

#1

장소: 학교 교실

시간: 종례 후

전화벨 소리

민아: (전화기에 대고) 여보세요, 응, 알았어. 빨리 갈게. 나 먼저 가야겠다.

죠앤: 그럼 같이 가자. 앤디, 일어나. 우리도 집에 가자.

앤디: 더 놀고 싶은데 가야겠다.

죠앤: (전화벨 소리 듣고) 여보세요, 네, 제가 현진이 친군데요. 네? 현진이랑 신걸이가 교
   통사고요? 네, 알겠습니다. (전화를 끊음) 얘들아, 걔네들 아까 먼저 집에 간다고 갔
   잖아, 그런데 교통사고 나서 지금 서울병원에 있대.

앤디: 뭐? 그럼 빨리 병원 가보자!

#2

장소: 복도

시간: 다음날 아침

지희: 민아, 죠앤, 오늘 현진이랑 신걸이가 안 보이는데? 학교 안 온거야?

죠앤: 아, 둘이 여행 갔대. 우리는 선생님이 부르셔서 교무실 좀 갔다 올게.

지희: 응.

귀신이 된 현진, 신걸 등장.

지희: 어, 너 어떻게 된거야? 너...

현진: 왜?

신걸: 무슨 일 있었어?

지희: 어? 아냐, 우리 매점 가서 떡볶이 먹자.

현진: 그래!

신걸: 너가 사는거다!

지희: (혼잣말) 이상하네, 왜 민아랑 죠앤은 여행 갔다고 그러는거야.

#3

장소: 교실

시간: 다음날 오후

민아: 지희, 요즘 정말 이상해.

죠앤: 맞아, 자꾸 혼자 수다 떨고, 어제는 현진이랑 신걸이랑 노래방을 갔다고 하질 않나.

지희 등장

앤디: 지희야, 우리 반에 새로 전학 온 순미야. 순미야, 인사해. 지희야, 지희. 우리 오늘 롯데월드 갈건데, 같이 안 갈래? 순미야, 같이 가도 괜찮지?

순미: 그래, 나 교실 가서 가방 가지고 올게.

지희: 근데, 앤디, 순미 뭔가 이상해.

앤디: 순미가? 뭐가?

지희: 모르겠어, 왠지 느낌이 안 좋아.

#4

장소: 교실

시간: 다음날 오후

앤디: (허겁지겁 달려오며) 민아야, 죠앤, 이것 좀 봐.

민아: 어? 이거 동영상이잖아.

죠앤: 이거 현진이 교통사고 CCTV잖아? (동영상 효과음) (놀람) 순미가 그랬어?

민아: 순미가 범인이었다니...

지희: (뒤에서 엿듣고 있음) 어떻게 그런 일이,,, (민아와 죠앤에게 가서) 야, 너네 나한테 왜 얘기 안했어? 현진이랑 신걸이 죽었다는 말 왜 안했어...

민아: 미안, 너가 너무 슬퍼할까봐 말 못했어.

죠앤: 지희야, 미안.

지희 심하게 울고 있다. 순미 뒤에서 엿듣고 있다.

-끝-

제목: 학교 2014
인물: 소담, 태철, 소담의 아버지(채현), 선생님(건석), 장명, 선우

#1
장소: 급식실

학교 벨소리
소담: 와, 점심시간이다! 빨리 줄서서 밥 먹어야지.
태철: 야, 너 지금 뭐하냐?
소담: ...
태철: 넌 밥 먹지 말고, 내 책상 정리나 해.
소담: 점심 먹어야지.
태철: 시키면 시키는 대로 해야지, 어디서 말대꾸야!
소담: 왜 나만 가지고 그래? 너가 시키면 너 말대로 다 해야 돼?
태철이 소담을 밀치려고 하자 소담 아버지 등장.
소담 아버지: 얘들아, 안녕.
학생들: 안녕하세요.
소담 아버지: 어 그래, 안녕. 어? 소담아, 왜 울어, 무슨 일이야! 소담이 왜 우는거니?
장명: 그게...
선우: 태철이가 소담이 괴롭혀요.
소담 아버지: 태철아, 왜 그랬니?
태철: 왜 저한테만 그러세요.
선생님 등장.
선생님: 아, 소담 아버님, 오셨어요. 이리로 좀 앉으시죠. 그런데 무슨 일 있었나요?
소담 아버지: 소담이하고 태철이하고 무슨 일이 있는 것 같은데요.
선생님: 네. 제가 잘 지도하겠습니다. 누가 잘못을 했던 간에 둘 다 똑같이 화장실 청소야.
태철: (혼잣말로) 아, 쟤 때문에 나까지 화장실 청소야.

#2

장소: 소담이네 집

시간: 한 달 후

소담 아버지: 소담이 생일 축하하러 다들 와줘서 고맙구나. 그런데 태철이도 왔니?

선우: 네, 선생님이 태철이 꼭 가라고 해서요.

소담 아버지: 응, 소담이가 태철이하고 지금까지 말을 안 한다고 해서 태철이 꼭 불러달라고 선생님께 부탁을 드렸지.

태철: 전 밥만 먹고 갈껀데요.

장명: 그래도 여기까지 왔는데...

선우: 그래. 오늘 너네 둘이 오해 좀 풀어.

태철: 오해는 무슨 오해.

소담: 미안하다는 얘기를 먼저 꺼내는 게 참 어려운 것 같아. 내가 미안해.

선우: 소담이가 미안하다고 하는데.

장명: 너 소담이랑 제일 친했잖아.

태철: 소담이는 너네들이랑 젤 친해.

소담: 아냐. 너가 내 베프야.

태철: ...

소담: 너랑 말 안하고 지내면서 마음이 불편했어.

태철: 오해해서 내가 더 미안해. 나도 마음이 안 좋았어.

소담: 그날은 너 책상에 물감이 많이 묻어 있어서, 치워주려고 했던 건데. 더 지저분해지고 정리도 안하고 해서 미안해.

태철: 내가 먼저 화해했어야 하는 건데. 너 괴롭혀서 미안. 내가 오해한 것 같아.

선우: 화해하니 보기 좋네. 이런 게 친구지. 안 그래?

소담, 태철, 장명: 맞아! 이런 게 친구지!

-끝-

제목: 우리는 차별이 싫어요
등장인물: 다문화 가족(엄마, 아빠, 형, 동생), K-POP 가수, 선생님, 어른 1, 어른 2,
　　　　학생들(지우, 경민, 윤정, 민지, 혁진, 승재)

#1. 인천공항
여권을 들고 바쁘게 지나다니는 사람들.

동생: 우와, 한국 좋다!
엄마: 한국에서 잘 지낼 수 있겠죠?
아빠: 한국 사람들은 친절해요. 잘 지낼 수 있을 거요.
엄마: 다만 애들이 걱정이에요.
아빠: 걱정 말아요. 얘들아, 이제부터 학교 잘 다니고 선생님 말씀 잘 듣고 친구들이랑 잘
　　　지낼 수 있지?
동생: (지나가던 한국 사람과 부딪혀 여권을 떨어뜨린다) 아!
형: 어떻게 미안하다는 말을 안 할 수 있지? 엄마, 한국 사람들은 별로예요.

엄마, 아빠 서로를 쳐다보며 아무 말이 없다. 동생과 형은 부딪혔던 한국인을 바라본다.

#2. 다음날 교실
선생님이 쌍둥이 형제들을 같은 반 친구들에게 소개해준다.

선생님: 우리 반에 새로 전학 온 쌍둥이 친구들이야. 아주 멋있게 생겼지? 그리고 중국에
　　　　서 왔어. 얘들아, 소개 해볼래?
쌍둥이들: ...
선생님: 이 친구들과 싸우지 말고 잘 지내. 저기 빈 자리에 가서 앉아.
쌍둥이들: ...
선생님: (손으로 가리키며) 저기 빈 자리 보이지? 저기에 앉아.

쌍둥이 형제들은 빈 자리에 가서 앉는다.

선생님: 다음 수업시간 국어시간이지? 다음 수업시간 준비해. (퇴장)

지우가 쌍둥이들에게 말을 건다.

지우: 너네 이름이 뭐야?

경민: 한국엔 언제 온거야? 왜 왔어?

쌍둥이들: …

지우: 왜 말을 안해?

경민: 알긴 아는데 일부러 안 하는 것 같아.

민지: (춤을 추며) 한국말을 못하니까 그런 거지, 이 바보들아!

지우: 한국말 잘 몰라? 그럼 우리가 가르쳐줄게. 경민아, 같이 한국말 가르쳐주자.

경민: 한국말이 얼마나 어려운데 그렇게 쉽게 배워지냐?

민지와 윤정은 음악을 들으며 춤을 추고 있다.

윤정: 다음주에 K-POP 콘서트 있대! 너 갈래?

민지: 누군데? 표 구했어?

윤정: OO가 콘서트 한대! 표 구하기 진짜 힘들대! 아, 가고 싶다.

승재: 시끄러워. 책 읽는 거 안보여?

윤정: 지금 우리한테 그런 말 하는 거냐? 시끄러우면 니가 나가서 책 봐!

혁진: 야, 그러지 마. 네가 참어.

#3. 같은 날 집 거실

엄마: 얘들아, 오늘 수업 어땠어?

형: 한국말을 배워야겠어. 엄마, 한국말 가르쳐줄 수 있어?

엄마: 엄만 잘 못하는데, 왜 한국말 배우려고?

동생: 한국말을 배워야 놀리는 애들한테 맞서 싸우지!

형: 야! 맞서 싸울 수나 있어? 한 마디도 못하면서!

엄마: 누가 너네들한테 뭐라고 그래? 한국말 못한다고 뭐라고 그래?

아빠 등장.

아빠: 그럼 아빠가 한국말 가르쳐줄까?

형: 아빠가 가르쳐줄 수 있어?

아빠: 물론이지. 아빠가 매일 가르쳐 줄게.

동생: 아빠, 그런데 K-POP이 뭐야?

아빠: K-POP? 아, 그건 외국에 진출해서 유명해진 한국 가수들이야. 근데 그건 왜?

동생: 오늘 수업시간에 K-POP 콘서트 가고 싶다고 애들이 얘기하더라고.

아빠: 우리 친척 중에 K-POP 가수 있잖아.

동생: 진짜? 애들한테 얘기해줘야겠다.

형: 아빠, 근데 한국말이 그렇게 어려워? 애들이 한국말 어렵다던데.

아빠: 너네들은 똑똑해서 금방 배울 수 있을 거야.

#4. 다음날 학교 복도

윤정은 지나가던 쌍둥이들의 어깨를 툭 친다.

형: 야! 너 뭐야!

윤정: 말할 줄 아네? 너네 벙어리인줄 알았는데.

동생: 우리 무시하지마. 우리 사촌형 누군지 알아?

윤정: 누군지 알게 뭐야!

동생: 우리 사촌형 OO야!

윤정: 야, 말이 되는 소리를 해!

형: 그럼 우리가 거짓말을 한다는 거야?

동생: 야, 너 우리한테 좀 맞아볼래?

민지: 누가 누굴 때린다는 거야!

쌍둥이들과 윤정과 민지는 서로 때린다. 지우와 경민 등장. 지나가던 지우와 경민이는 싸우는 모습을 보고 말리려고 한다. 말리다가 둘은 넘어진다. 경민은 선생님을 부르기 위해 퇴장한다. 선생님과 경민은 등장한다.

선생님: 이게 왠 소란이야! 누가 이렇게 싸우는거야! 누가 먼저 때렸어!

민지: (형을 가리키며) 얘가 먼저 때렸어요.

선생님: 먼저 때린 거 확실해? 왜 때렸어! 학교에 전학오자마자 이렇게 말썽이나 부리고!
　　　　엄마 아빠 교무실로 모시고 와!

동생: 쟤네가 먼저 시비 걸었어요. 저희 보고 벙어리라고 했어요.

선생님: 벙어리라고 했어?

윤정: 아니, 한국말을 잘 못하니까 그렇죠.

선생님: 너네 둘은 교무실로 가 있어. 경민이하고 지우는 얘네들 한국말 가르쳐주고. 알았지?
경민, 지우: 네. 교실로 가자.

선생님과 윤정, 민지는 교무실로 퇴장. 쌍둥이들과 경민, 지우는 교실로 퇴장.

#5. 같은 날 쌍둥이들 집 앞

동생: 학교 다니기 싫어. 애들도 맘에 안 들어.
형: 그래도 경민이랑 지우는 착하잖아. 안 그래?
동생: 그렇긴 한데 한국 애들은 너무 잘난 척해. 중국 애들은 안 그렇잖아.

지나가던 어른들 쌍둥이들을 보며 등장.

어른 1: (아이들을 힐끗 보며) 외국인인가?
어른 2: 그러게? 우리 동네에도 외국인들이 사나 보지?

#6. 다음 주 어느 날 교실

선생님: 오늘 OO와 OO가 생일이래. 수업 끝나서 이 친구들 집에 가서 생일 파티가 있다
        니까 맛있는 거 먹고 즐겁게 놀다 와. OO와 OO부모님이 여러분 모두를 초대했
        으니까 알았지? 그리고 특별한 사람도 초대했다니까 누군지 만나고 와서 선생님한
        테 얘기도 해주고 알았지?
학생들: 네.

선생님 퇴장

혁진: 특별한 사람이 누군데?
쌍둥이들: ...
혁진: 너네는 알꺼 아냐. 몰라?
형: 우린 몰라.
승재: 부모님이 얘네들 몰래 초대한 사람이겠지. 시끄러워 공부나 해.

#7. 같은 날 쌍둥이들 집 거실
엄마는 학생들에게 음식을 가져다준다.

경민: 아저씨, 특별한 사람이 온다던데 그게 누구에요?
아빠: 아저씨가 너네들을 위해 특별히 초대했어. OO와 OO의 사촌형 OO야.

K-POP 가수 등장. 놀란 표정의 아이들.

가수: 안녕. 난 이 친구들의 사촌형이야. 다른 나라에서 왔다고 또 한국말 잘 못한다고 놀
　　　리지 말고 서로 잘 지냈으면 좋겠어. 약속해줄 수 있지? 약속하면 내일 열리는 콘서
　　　트 티켓 줄게. 콘서트 보러 와.
민지: 감사합니다! 진짜 얘네들하고 안 싸우고 잘 지낼게요.
윤정: 네, 정말 와주셔서 감사합니다.
가수: 피부색이 다르다고 한국말을 잘 못한다고 놀리거나 그러면 안되는 거야. 너네도 다
　　　른 나라에 가게 되었을 때 놀림을 당하면 기분이 어떻겠어. 다 똑같은 한국 사람들
　　　이잖아. 난 콘서트 연습하러 가야 돼. 내일 보러와. 안녕. (퇴장)
학생들: 고맙습니다.
윤정: 야, 너네 대단하다. 저 오빠가 너네 사촌이고, 진짜 좋겠다. 연예인들 많이 볼거 아냐.
민지: 맞아. 이제 너네랑 친해져야겠어. 우리가 너네 미워하고 놀렸던 거 미안. 우리가 너
　　　무 못되게 굴었던 것 같아.
윤정: 맞아. 다 같은 한국 사람인데, 이제부터라도 잘 지내자.
혁진: 그럼 우리 음료수로 건배하자. 잘 지내자는 뜻으로.
경민: 그래, 우리 건배하자.

아이들 잔을 들고 건배한다.

승재: OO와 OO를 위하여!
아이들: 건배!
-끝-

제목: 꿈

등장인물: 성연, 영식, 한빛, 유민, 원비, 의훈

성연: 나의 꿈은 축구선수야.

영식: 왜 축구선수가 되고 싶은거야?

성연: 초등학교 3학년 처음 축구하는 모습을 볼 땐 별로 재미있겠다고 생각을 안 했는데 막상 해보니까 재미가 있었고 그게 나의 꿈이라는 걸 느꼈어.

영식: 와 멋지다. 그러면 축구 선수가 되기 위해 노력하는 게 있어?

성연: 우선 공부와 축구를 열심히 해야겠고, 축구의 규칙도 알아야 해.

영식: 그러면 어느 축구팀에 입단할거야?

성연: 유럽이나 남미에 있는 축구팀에 입단하고 싶어. 이유는 축구 성적이 그 쪽이 좋거든. 유럽에서 바르셀로나 팀에 들어가고 싶어.

영식: 와 멋있겠다. 그러면 그 꿈을 포기하지 말고 꼭 성공하기를 바랄게. 파이팅!

성연: 그럼 너의 꿈은 뭐야?

영식: 나의 꿈은 자동차 디자이너야. (한빛 등장)

한빛: 와, 대단하다.

영식: 세 살 때 삼촌이 장난감 자동차를 한 박스 사줬어. 거기엔 람보르기니, 닛산, 미쓰비시, 도요타, 폭스바겐 등 다양한 자동차가 있었어. 그때 자동차에 관심이 생겼어. 그 후로 이사를 다니면서 지금은 자동차가 미니쿠페 하나 밖에 남지 않았지만 말이야.

한빛: 없어져서 속상하겠다.

영식: 그런데 갖고 싶은 자동차가 있어. 롤스로이스 팬텀 자동차를 갖고 싶어. 롤스로이스 회사에 가면 살 수 있을 거야. 몇 억이나 한대.

한빛: 그럼 오빠는 어떠한 자동차를 만들고 싶어?

영식: 지금 같은 고유가 시대에는 20킬로미터가 넘는 하이브리드가 좋으니까, 연비가 좋은 하이브리드 자동차를 만들고 싶어. 그럼 네 꿈은 뭐야?

한빛: 내 꿈은 두 개야. 수의사가 되거나 카페에서 일을 하고 싶어. 왜냐하면 난 동물이 좋고 카페에서 커피를 만들고 싶기 때문이야. 수의사는 동물이 아프지 않게 치료해야 되고 카페 일은 커피를 아주 잘 만들어야 해.

성연: 키우는 동물 있어?

한빛: 누리라는 강아지를 내가 2살 때부터 키웠어.

영식: 카페에서는 어떤 커피를 만들고 싶은데?

한빛: 아트 커피나 유명한 커피를 만들고 싶어. 그래서 꼭 손님들을 감동시킬 거야. 그리고 돈도 많이 벌거야. 돈 많이 벌어서 부족한 사람들을 도와줄 거야. (유민 등장)

유민: 너 정말 착하다.

한빛: 언니는 꿈이 뭐야?

유민: 나는 의사가 될 거야. 아픈 환자가 건강해지면 기뻐하잖아. 그래서 의사가 되고 싶어. 내가 9월에 감기에 걸려 병원에 갔는데 의사 선생님이 내게 거짓말을 하긴 했지만 무척 친절했어. 그래서 의사 선생님이 되고 싶다고 생각했어. 난 의사가 되기 위해 열심히 공부하고 싶어. 선생님은 의사가 되려면 과학을 열심히 공부해야 한다고 하셨어.

한빛: 언니 꿈은 한 개야?

유민: 응, 지금은 꿈이 의사이지만 꿈이 바뀔 수도 있다. 나는 꿈이 정말 많거든. 그런데 선생님이 꿈이 많으면 좋다고 하셨어. 그리고 담임선생님은 시험에서 5문제라도 틀리면 의과대학에 못 간다고 하셨어. 그래도 제일 좋은 것은 의사야. 그래서 의사가 되고 싶어. (원비 등장)

원비: 나는 꿈이 화가야. 왜냐하면 그림 그리기를 좋아하고 또 잘하기 때문이야. 나는 추억을 그리는 멋진 화가가 될거야.

유민: 뭘 그리고 싶은데?

원비: 내가 그리고 싶은 추억의 그림은 가족, 친구와 놀이터에서 노는 모습이야. 나는 토요일마다 그림 그리는 연습을 할거야. 그리고 미술관에 가서 그림도 많이 보고 싶어. 엄마는 변호사가 되길 바라지만 나는 고흐 같은 화가가 되고 싶어.(의훈 등장)

성연: 의훈이 너는 뭐가 되고 싶어?

의훈: 나는 축구선수가 되고 싶어.

성연: 나랑 같네? 왜 축구선수가 되고 싶어?

의훈: 난 운동을 잘해. 일곱 살 때 중국에서 실제로 축구장에서 축구를 봤는데 공이 날아가는 게 재밌었어. 그리고 난 수비수가 되고 싶어. 토요일마다 혼자 축구 보러 가는데, 어디인지 잘 기억은 안나. 그리고 축구하다가 머리 맞을 수도 있어. 축구 배웠을 때 7번 머리를 맞았었어. 그리고 난 선수들이 메달 받는 것도 봤어. 우리 집에도 두 개나 있어.

유민: 우와, 좋겠다.

원비: 다들 각자의 꿈이 이루어졌으면 좋겠다.

유민: 그래서 다들 꿈을 이루어서 나중에 먼 미래에 같이 만나면 좋겠다.

다같이: 그래. 그때 다시 만나자. 안녕!

-끝-

부록 7 네 번째 사례 대본 '비상'

제목: 비상

#1

(학교 벨소리) 선생님 등장.

(학교 벨소리) 선생님 퇴장.

소리를 제외한 모든 2학년 학생들: 와! 시험 끝났다!

소영, 아진: (소리를 욕한다)

아진: (핸드폰을 보며 소영에게) 효원 선배가 돈 걷으라는데, 그냥 이소리 보내자. 야, 너 가라! (소리를 툭 친다. 소리가 뒤를 돌아보려는데)

인희: (소영, 아진에게) 야, 너 왜 그래, 그러지 마!

동화: 야! 시끄러워! 공부 좀 하자!

3학년 선배 기훈, 효원 등장.

기훈: (아진에게) 돈 걷었냐?

아진: 오빠, 소리 데려가요, 소리 돈 많아요. 소리 불러올게요. (소리에게) 야, 빨리 가라! 선배들 말이 말같지 않냐? (소리를 툭툭 치며 가기 싫어하는 소리를 끌고 선배에게 데려간다)

효원: (소리에게) 언니가 시험을 다 쳐서 남자친구랑 놀러가려고 하는데 돈이 없네? 야, 돈 좀 줘봐! (소리는 돈을 주기 싫어한다. 마침내 돈을 꺼내 준다) 돈 있으면 진작 줄 것이지! (소리에게 폭행을 가한다) 기훈, 효원, 소영, 아진 퇴장.

인희: (소리에게 다가가며) 소리야, 너 괜찮아? 많이 맞았어? 선배들이 무서워서 나도 맞을까봐...

소리: 됐어, 하지 마! 나 갈게! (인희의 팔을 뿌리치며 퇴장)

암전. 바로 조명 in.

#2

암전하는 사이에 아진, 인희, 소영, 소리, 동화가 앉아 있다.

(학교 벨소리)

선생님 등장.

선생님: (성적표를 나눠 주며) 동화 너는 이번에도 전교 1등 했네. 아진 너는 교복하고...
    얼굴 화장... 성적은... 말을 말자! (소리에게) 너는 날이 갈수록 성적이 바닥을
    기네! 공부 좀 해라! 이렇게 해서 어떻게 하려고 그래! (소리는 대꾸 없이 계속
    엎드려 있는다) 너 선생님 말에 대답 안할래? (소리는 선생을 빤히 쳐다보려 하
    는데 선생님이 소리의 뺨을 때린다)

소리: 왜 때려요!

인희: 소리야! (소리는 인희의 팔을 뿌리치며 퇴장)

아진: 쟤 왜 저래?

소영: 그러게, 쟤 또 학교 안 오겠네.

암전. 무대 앞에 조명 in.

#3

소리가 등장하려고 할 때,

아진: 쟤, 또 왜 온거야?

소영: 그러게.

인희: 야, 너네들 좀 그러지 마! (조명이 어두워지며, 무대 앞에 조명 in)

소리: 힘들어... 정말 힘들어... 내가 왜 이렇게 살아야 해? (한숨 쉬며) 선배들은 욕하고
    돈 뜯고, 선생님은 애들 앞에서 성적 가지고 핀잔주고, 친구들도 욕하고, 때리고...
    아무도 나에 대해 관심이 없어, 친한 친구 인희까지도! (울다가)
    그래, 죽어버릴 꺼야! 내가 살아서 뭐하겠어?

소리는 독백 후 무대 뒤의 자리로 가 앉는다. (무대 뒤 조명 in)

(웅성웅성 소리)

동화: 야! 너네 정말 시끄러워! 너네 공부 안하냐? 공부 좀 하자!

소리는 편지를 쓴다.

아진: (소리를 보며) 야, 이소리 쟤 또 뭐하는 거야?

인희: 소리야, 어디 가?

소리는 편지를 두고 퇴장. 인희는 소리가 두고 간 편지를 발견하고 편지를 읽은 후, 갑자

기 뛰어 나감.

무대 뒤 조명 서서히 어두워짐. 무대 뒤 배우들 퇴장.

#4

소리는 천천히 무대 앞으로 걸어옴. 무대 앞에 조명 서서히 in. 소리가 무대에 서면, 인희 뛰어옴.

인희: 소리야!

소리: 가까이 오지마!

인희: 여기서 뛰어내리려고 하면 어떡해!

소리: 나한테 신경쓰지마! 내가 죽던 말던 아무도 신경 안 쓸거야! 내가 사라지면 모든 일 이 다 해결 될꺼야.

인희: 그렇지 않아! 이제부터 용기를 내!

소리: 용기? 용기는 무슨 용기! 너도 날 도와주지 못했잖아!

인희: 미안, 하지만 지금부터라도 네가 힘들 때 내가 옆에서 도와줄께. 그러니까 죽지 마. 내가 다 도와줄께.

소리: 뭘로?

인희: 너 기자가 되고 싶어했잖아! 지금 죽기엔 우리의 남아있는 인생이 너무 아깝지 않 아? 꿈을 잃진 말자. 그러니 제발 죽지마. (소리를 보며) 이제 수업 들어가자.

인희는 소리를 데리고 걸어 오려고 하는데, 기훈, 효원 등장.

기훈: 야, 너 돈 좀 있냐? 우리 놀러가려고 하는데, 돈 좀 줘봐!

소리는 돈을 주려고 하는데 인희가 소리를 막으며

인희: 돈 주지마!

효원: 야, 넌 또 뭐냐? 그럼 너가 돈 줄꺼야?

인희: 저희가 왜 선배들한테 돈을 드려야 하는데요?

기훈, 효원 인희를 때린다.

소리: 왜 제 친구를 때려요?

기훈, 효원 소리를 때리려고 하는데, 인희가 막아 준다.

(학교 벨소리)

기훈, 효원: 야, 됐다. 그냥 들어가자.

인희: 우리도 수업 들어가자.

소리: (인희를 붙잡으며) 인희야, 고마웠어.

인희: 친구로서 해야 할 도리를 한 것 뿐이야.

소리: 그래, 넌 정말 좋은 친구야. 나도 순간 잘못된 생각을 했는데, 네가 나의 소중한 목숨을 구해주었어. 정말 고마워.

인희: 내가 오히려 더 고마워. 나를 통해서 네가 꿈을 잃지 않아서. 우리 서로 꿈을 잃지 말자.

소리: 그래, 우리 서로 꿈을 잃지 말고, 어려운 일 있으면 함께 도와주는 그런 좋은 친구가 되자.

인희: 그래, 우리 이제 수업 들어가자.

-끝-

부록 8   네 번째 사례 대본 '뇌물 선생'

제목: 뇌물선생

#1

교무실.

김선생님 등장.

김선생님: (성적표를 나눠주며) 이번 시험에도 역시 샛별이가 1등을 했어. 수고했다, 샛별아. (석범이와 혁준에게) 너희 둘은 언제까지 뒤에서 헤맬거니? 샛별이를 좀 본받으렴.

혁준: 왜 우리한테 시비야. 뭐 꼴찌하고 싶어서 했나.

석범: 그러게, 문제를 쉽게 내던가.

김선생님: 자! 자! 조용히 해! 석범이, 혁준이 어머님께 전화해야겠어. 학교로 오시라고. (전화를 건다. 전화를 받지 않는다) 너네 둘 내일 꼭 부모님 보시고 학교로 와, 알겠어?

혁준, 석범: 네.

혁준: 야! 박샛별, 너 1등 하니까 기분 좋냐?

석범: 너 때문에 우리 엄마가 왜 학교로 와야 하냐?

민경: 그럼 너네들이 공부를 열심히 하던가. 너네들이 못하는 거잖아. 왜 샛별이한테 시비야.

혁준: 야, 넌 꺼져, 네가 무슨 상관이야, 니 할 일이나 해.

샛별: 저런 애들이랑은 얘기할 가치가 없어. 너네들 다음 주에 반편성고사 있는 건 아니? 너

네들이 뭐 알 리가 없지. 민경아, 우리 공부하러 가자. (짐을 싼다)

민경: 그래, 도서관에 가서 하자.

샛별, 민경 퇴장.

암전.

#2

다음날 상담실.

혁준 모: 우리 혁준이가 또 꼴찌를 했다는데, 앞으로 잘 좀 부탁드려요. (봉투를 내민다)

김선생님: 이런 것 필요 없습니다. 전 이런 것 받지 않습니다.

혁준 모: 그래도 받아두세요. 서로 좋자고 하는 거잖아요.

김선생님: 전 이만 나가보겠습니다. 심선생님과 얘기하세요.

석범 모: 심선생님, 저희 석범이 부탁드립니다.

혁준 모: 선생님이라도 저희들의 성의를 봐주세요.

심선생님: 그럼요, 물론이죠. 주시는 것인데 당연히 받아야죠. 혁준이랑 석범이 아이들이
　　　　착해서 공부도 열심히 할 거예요. 어머님들도 곁에서 지켜봐 주세요. 그리고 이건
　　　　다음 주 반편성고사 답지입니다.

엄마들: 이렇게 신경을 써 주시다니, 정말로 감사드립니다. 다음에도 계속 부탁드려도 될
　　　　런지요.

심선생님: 물론이죠, 그럼 조심히 들어가세요. (주위를 두리번 살피면서 조심스레 돈봉투
　　　　를 챙긴다)

#3

그 다음 주 교실.

심선생님 등장.

심선생님: (성적표를 나눠주며) 박샛별, 이게 뭐야! 여태껏 1등만 줄곧 하다가 게을러진거
　　　　냐. 3등이 뭐냐, 어머님 좀 뵈야겠다. 어머님 모시고 와! 알았어?

박샛별: (이상하다는 듯이) 그럴 리가 없는데요, 저 열심히 했어요.

심선생님: 이제는 네가 거짓말까지 하는구나. 어머님 모시고 오라면 모시고 와! 그리고 석
　　　　범이가 1등을 했어. 간소한 차로 혁준이가 2등을 하고. 수고했어. (석범이와 혁준이
　　　　는 기뻐한다) 샛별, 넌 교무실로 따라와! (심선생님과 샛별 퇴장, 샛별 잠시 후에 등장)

재환: 꼴 좋다, 그렇게 잘난 척 하더니, 3등이 뭐냐!

교사를 위한 교육연극의 이론과 실천

인성: 어떻게 3등을 하냐! 그럼 잘난 척이나 하지 말던지!

성진: 맞아, 어떻게 혁준이보다 못하냐?

해찬: 나랑도 점수차이가 별로 안나. 난 공부 하나도 안하고 시험 보는데.

지나가던 김선생님이 교실로 들어온다.

김선생님: 왜 이렇게 시끄러워! 성적표를 받았으면 반성하고 공부할 것이지!

샛별: 선생님, 제가 3등인 게 말이 안돼요, 어떻게 석범이랑 혁준이가 갑자기 1, 2등을 하죠?

김선생님: 안 그래도 선생님도 성적표 보고 놀랐다. 석범인 전 과목 다 만점이더구나. 선생님이 한번 알아보마.

김선생님과 샛별 퇴장.

암전.

#4

음악실.

심선생님은 장구를 치고 있다.

김선생님 등장.

김선생님: 심선생님, 혹시 그 날 어머님들께 봉투 받으셨나요?

심선생님: (화를 내며) 무슨 근거로 그런 말씀을 하시죠?

김선생님: 갑자기 혁준이와 석범이의 성적이 너무 올라서요. 그래서 선생님께 여쭤보는 것입니다. 그리고 그 날이 시험 답지를 제출했던 날 아닙니까, 그래서 혹시나 답지를 어머님들께...

심선생님: 저는 절대 그런 행동을 하지 않습니다. 김선생님, 말씀을 너무 함부로 하시네요!

멀리서 해찬, 재환, 인성 등장하여 듣고 있다.

김선생님: 네, 그렇군요. 제가 괜한 오해를 했나 봅니다. 죄송했습니다. (퇴장)

심선생님: (주위를 두리번 거리며 전화를 받는다) 네, 어머님, 벌써 학교에 오셨어요? 전 지금 3층 음악실에 있습니다. 아 네. 그럼 이리로 오시면 됩니다. (주위를 또 두리번 거린다)

석범, 혁준의 엄마들 등장.

석범 모: 석범이가 선생님 덕분에 1등을 했어요, 너무 감사드려서, 작지만 받아주세요. (봉투를 건넨다)

혁준 모: 저도 이것 밖에 준비를 못했습니다. 그래도 받아주세요, 그리고 앞으로 계속 부탁드립니다.

심선생님: (봉투를 받으며) 제가 뭘 했다고, 워낙 애들이 똑똑해서 그렇죠.

멀리서 전화벨 소리가 들린다. 인성이의 전화다. 심선생님 깜짝 놀라 뒤를 돌아보니 세 친구들이 도망간다. 엄마들도 놀란다.

심선생님: 아무 일도 아닐 겁니다. 염려 마세요. 그럼 들어가 보세요, 다음에 또 다시 뵙죠.

엄마들과 심선생님 퇴장.

암전.

#5

다음 날 교실.

해찬: (혁준, 석범에게) 야! 너희들 뇌물 주고 1등을 하고 싶냐?

혁준: 그게 무슨 말이야, 뜬금없이.

석범: 어디서 그런 얘길 들은거야!

인성: 우리가 어제 다 봤어!

재환: 너네 엄마가 심선생님한테 봉투 건네는 거 다 봤어!

민경: 너네 방금 뭐라고 했어? 다시 말해봐.

해찬: 혁준이랑 석범이네 엄마가 심선생님한테 돈을 줬어.

샛별: 너네 그거 사실이지? 지어낸 거 아니지?

성진: 심선생님이 돈을 받은 거야? 정말 그럴 줄 몰랐어! 그럼 설마 답지를 준 건 아니겠지?

석범: 그럼 엄마가 준 것이 답지였던거야? 혁준아, 너도 혹시 받았어?

샛별: 정말 이런 학교 다니고 싶지 않아!

민경: 진짜, 어떻게 이런 일이 있을 수 있어!

석범: 우리 엄마가 그럴 리 없어. (엄마에게 전화를 한다) 엄마, 엄마가 진짜 심선생님한테 돈을 줬어? 그래서 답지를 받은 거야? 됐어, 엄마 얘긴 듣고 싶지 않아, 끊어! (전화를 끊는다)

석범: 샛별아, 우린 정말 몰랐어.

혁준: 그래, 우리 때문에 너 부모님까지 오게 되었으니, 미안해.

암전.

#6

음악실.

김선생님: 심선생님, 어떻게 그러실 수 있습니까!

심선생님: 김선생님만 조용히 계시면 아무 문제 없습니다. 괜히 호들갑 떨지 마세요.

엄마들 등장.

석범 모: 아무 문제 없을꺼라고 하시더니, 어제 석범이가 그 사실을 알고 화가 나서 전화가 왔어요.

혁준 모: 이제 어떻게 하실 거예요? 우리 애가 이 학교에서 어떻게 얼굴을 들고 다니겠어요!

심선생님: 제가 알아서 처리하겠습니다.

석범 모: 아니, 어떻게 알아서 처리를 하시겠다는 거예요?

인성, 재환, (경찰이 된 해찬, 성진) 등장.

경찰 해찬: 박인성 학생과 류재환 학생의 전화를 받고 왔습니다. 심수현 선생님이 누구시죠?

인성: 저기 저분이에요.

경찰 성진: 뇌물 받으신 것을 인정하십니까?

심선생님: 아뇨, 전 인정 못합니다.

석범 모: 아닙니다. 저희가 두 번이나 드렸어요.

혁준 모: 네, 지금 부인하고 계시는 것이에요.

경찰 해찬: 정확한 조사를 위해 서로 가주셔야 되겠습니다. 어머님들도 같이 가주셔야 됩니다.

엄마들, 경찰 둘과 선생님들 둘은 퇴장.

남은 학생들은 퇴장하는 모습을 지켜 봄.

암전.

#7

몇일 후 교실.

심선생님: 얘들아, 잘 지내라. 그 동안의 일들은 미안했다. 선생님이 면목이 없구나. 특히 샛별이한테 미안하고, 선생님 때문에 전학을 가게 된 혁준이와 석범이한테도 미안하고. 아무튼 잘 지내라. 선생님은 마산의 상업중학교로 가게 되었어. 그럼 선생님은 간다.

학생들(샛별, 민경, 재환, 인성, 해찬, 성진): 우와!

심선생님은 고개를 푹 숙인다.

암전.

-끝-

찾아보기

교사를 위한 교육연극의 이론과 실천

장 연 주

동국대학교 교수학습개발센터 연구교수
한국교육연극학회 이사
동국대학교 등 출강

학 력
동국대학교 연극학과 연기전공 졸업
동미시건대학교 아동청소년연극학과(Applied Drama/Theatre For the Young) 졸업
동국대학교 일반대학원 교육학 박사(교육공학 전공)

공 역
시실리 오닐의 교육연극—과정드라마: 구조와 즉흥. 한국교육연극학회 편. 연극과 인간

교사를 위한 교육연극의 이론과 실천

초판발행	2018년 8월 6일
중판발행	2019년 12월 15일
지은이	장연주
펴낸이	노 현
편 집	배근희
기획/마케팅	이영조
표지디자인	김연서
제 작	우인도·고철민
펴낸곳	㈜ 피와이메이트
	서울특별시 금천구 가산디지털2로 53 한라시그마밸리 210호(가산동)
	등록 2014. 2. 12. 제2018-000080호
전 화	02)733-6771
f a x	02)736-4818
e-mail	pys@pybook.co.kr
homepage	www.pybook.co.kr
I S B N	979-11-89005-21-4 93370

정 가   14,000원

박영스토리는 박영사와 함께하는 브랜드입니다.